DÉPARTEMENT DE LA VENDÉE

COUP D'OEIL

SUR LES

ÉLECTIONS SÉNATORIALES

DE 1876

PAR

BENJAMIN FILLON

FONTENAY-VENDÉE

P. ROBUCHON, IMPRIMEUR-LIBRAIRE

GRANDE-RUE, 25-27

1876

DÉPARTEMENT DE LA VENDÉE

COUP D'ŒIL

SUR LES

ÉLECTIONS SÉNATORIALES

DE 1876

PAR

BENJAMIN FILLON

FONTENAY-VENDÉE

P. ROBUCHON, IMPRIMEUR-LIBRAIRE

GRANDE-RUE, 25-27

1876

FONTENAY-VENDÉE. — IMPRIMERIE DE PIERRE ROBUCHON

Les élections sénatoriales du 30 janvier accusent, d'une manière trop précise, les transformations récemment accomplies, en Vendée, dans les opinions des anciens partis et dans l'attitude qu'ils ont gardée, jusque-là, mutuellement entre eux, pour qu'il ne soit pas nécessaire, ne fut-ce qu'à titre de document historique, d'en laisser le souvenir écrit. Elles ont nettement démontré :

1° La progression toujours croissante, la discipline et le sens pratique du parti républicain ;

2° L'abdication prévue des légitimistes ;

3° Leur alliance et celle des cléricaux avec la nombreuse, mais inconsistente phalange de ces hommes, sans principes politiques, que dirigent seuls l'égoïsme et la peur ;

4° L'isolement complet, enfin, des rares champions de la dynastie sinistre des Bonaparte.

Il n'y a maintenant de fait, chez nous, que deux partis : républicains et réactionnaires sont en présence. A dater du

30 janvier 1876, les *bleus* et les *blancs* d'autrefois n'existent plus qu'à l'état légendaire, partout ailleurs que dans les deux ou trois cantons, où les traditions de la vieille bourgeoisie patriote sont restées vivaces.

Si l'on envisage la question à ce point de vue, — le seul vrai, — la défaite récente des libéraux vendéens n'a rien qui doive les inquiéter outre mesure. Chaque jour, la réaction, jadis arrogante, fait un pas en arrière; chaque jour, l'idée républicaine s'affirme et gagne du terrain. Quelques années encore, et sa prédominance sera partout incontestée. — Modération et fermeté sont donc les vertus de l'heure présente. A quoi bon compromettre le succès de la cause du droit par des impatiences inopportunes? Le temps donne la vitalité aux choses humaines, qui, sans lui, sont éphémères.

La France, énervée et polluée par vingt ans de cohabitation avec Napoléon III, ne saurait d'ailleurs, quoiqu'on dise et fasse, se revivifier en un jour. Les derniers restes du virus impérial, qui infectent encore quelques-uns de ses membres, ont besoin, pour être rejetés, d'une période de repos. L'efficacité du traitement employé en abrégera peut-être la durée.

La majorité libérale des sénateurs, élus sur la surface entière du territoire, assure le maintien de la République. L'appoint fourni à la réaction par la Vendée ne saurait faire échec à ce résultat capital. — Bien minime sera même son poids dans la balance des partis. — A part un légitimiste convaincu, qu'il ne nous déplaît pas de voir figurer dans les minorités de nos assemblées politiques, les autres n'ont qu'un seul titre, comme bon nombre de leurs collègues des départements de l'ouest, aux préférences actuelles de la prétendue ligue conservatrice : l'indécision qui règne sur la nature de leurs convictions, si tant est qu'elles existent. — Ce serait presque à croire que le firmament gouvernemental, dont MM. Buffet et de Broglie avaient rêvé d'être les astres de première grandeur, n'aurait été peuplé, en dehors d'eux, que de nébuleuses, destinées à rehausser, par le contraste, leur problématique éclat.

Nous avons fait précéder le récit des opérations électorales de considérations historiques qui ne seront pas sans utilité plus tard.

La Court de Saint-Cyr-en-Talmondais, 7 février 1876.

ÉLECTIONS SÉNATORIALES

DE 1876

On ne se rend un compte exact de la signification réelle et de la portée politique des élections sénatoriales, qui ont eu lieu à la Roche, comme dans toute la France, le 30 janvier, qu'après avoir soigneusement étudié la composition du corps électoral, appelé à prononcer en dernier ressort entre les candidats. Mais, pour cela, il ne faut pas se contenter de porter ses investigations sur le présent. Chaque contrée, la nôtre comme les autres parties du territoire de la République, a un passé qui pèse d'une manière plus ou moins lourde sur son présent. De ce passé, découlent en somme, la raison d'être des divers partis qui se partagent, chez elle, l'ensemble des citoyens, la force proportionnelle de chacun d'eux, son influence sur les masses et sa situation vis-à-vis du pouvoir central. Ceci établi, pour ce qui concerne la Vendée, on comprend à merveille que le résultat du dernier scrutin, d'où sont sortis les noms de MM. François Gaudineau, de Cornulier et Vandier, ne pouvait être différent de ce qu'il a été, eu égard aux conditions dans lesquelles le corps électoral a lui-même été constitué. Ce qui va suivre le démontrera jusqu'à l'évidence.

I

LES LÉGITIMISTES

Il est naturel de commencer cette revue rétrospective par le parti dont les traditions historiques sont, sinon les plus vieilles, du moins les mieux indiquées, quant aux individualités.

Le parti de la légitimité, tel qu'il est constitué de nos jours dans le département, se compose de plusieurs couches de personnes, superposées les unes aux autres à mesure de leurs formations successives. Rivales entr'elles, en temps ordinaires, ces couches se trouvent étroitement unies, chaque fois qu'un intérêt commun les convie à réagir contre les tendances progressistes. La plus ancienne, est un groupe, très peu nombreux, de descendants de propriétaires d'arrière-fiefs ruraux, issus pour la plupart de branches cadettes, dont la filiation suivie ne remonte pas, à de rares exceptions près, au-delà du xve siècle. La grande féodalité, même le petit baronnage, n'y ont aucun représentant authentique. C'est à peine si les lignées les mieux partagées comptent, sur leurs généalogies, quelques officiers des armées de terre ou de mer, quelques chefs de cantons ou de paroisses, ayant fait figure durant l'une des périodes de guerres civiles, où la noblesse bas-poitevine s'est signalée par sa conduite antinationale et rétrograde. L'illustration procédant des lettres, des sciences ou des arts, y est pour ainsi dire inconnue, en dehors de la trace laissée par une femme d'élite (1), et d'un ou deux hommes, qui se trouvent, là, comme en pays étranger.

Autour de ce premier groupe, particulièrement disséminé dans les campagnes du bocage, gravite celui des petits-fils d'anoblis par échevinage, judicature ou finance, auxquels le séjour des villes est non moins antipatique. Puis vient la foule des aspirants au surnumérariat nobiliaire, classe que le régime impérial n'a pas peu contribué à développer sur une large échelle. Tant que le travail ne tiendra pas, dans l'ordre social, le rang qu'il doit occuper, les favoris récents de la fortune auront une tendance naturelle à faire oublier leur point de départ, et l'effort qu'ils feront en ce sens les rendra d'autant plus hostiles au milieu d'où ils sortent à peine. C'est pourquoi ceux-ci sont de beaucoup les plus réactionnaires. S'il s'agit de mettre la main sur un esprit quelque peu libéral, il se trouve encore, çà et là, parmi les royalistes

---

(1) Mlle Robert de Lazardiére, auteur du remarquable livre, qui a pour titre : *Théorie des lois politiques de la monarchie française.*

Les cléricaux comptaient, il y a quelques années, dans leurs rangs, M. Jacques Crétineau-Joly, l'historien des Jésuites, originaire de Fontenay. Depuis sa mort, le silence intellectuel s'est à peu près fait chez eux.

Le parti libéral et le parti républicain possèdent quelques érudits et amis des lettres. Mais la Vendée se distingue surtout présentement par le nombre de ses enfants qui se sont voués à la culture des beaux arts. Il n'est, pour ainsi dire, pas une de leurs branches qu'ils n'aient abordé avec succès : l'architecture, la sculpture, la peinture, la gravure, l'émaillerie, sont pratiquées par eux d'une manière remarquable. Il suffirait de citer les noms de MM. Paul Baudry, l'une des gloires de l'École française actuelle, Hippolyte Maindron, Lensier, Gaston Guitton, Arsène Charier, Octave de Rochebrune et autres, pour le démontrer. Le dernier appartient seul au parti légitimiste.

d'ancienne souche. Ailleurs, l'anomalie est plus rare. Un vernis d'urbanité et de courtoisie distingue, en outre, le gentilhomme des nouveaux venus.

A la suite de ces trois catégories, arrivent enfin certaines familles que des souvenirs de secte ou de domesticité, parfois des convictions sincères, rattachent au parti. D'autres sont attirés vers lui par des intérêts d'affaires ou de clientèle.

Vivant dans le passé, le légitimiste pur n'a guères d'opinions sur quoi que ce soit qui lui appartienne en propre. — Son instruction sommaire lui interdit d'ailleurs, à cet égard, toute réflexion trop profonde. — Celles dont il use sur la religion, la forme du gouvernement, les pays étrangers, les temps écoulés, dérivent, non de l'étude ou de l'observation, mais de traditions qui ont cours dans sa petite sphère ; aussi ont-elles un caractère purement enfantin. Il y tient néanmoins avec l'obstination propre aux gens habitués à se repaître d'illusions sur la supériorité relative de leur race. Ses rancunes sont nombreuses et héréditaires : il déteste homme et peuple, du moment qu'ils s'écartent de l'étroit programme à lui venu tout fait de ses pères (1). Le nom de Garibaldi a le privilége d'agacer ses nerfs presqu'à l'égal de celui de Voltaire ; les États-Unis d'Amérique lui inspirent, depuis la victoire du Nord, une égale horreur, aussi bien que l'Italie anti-cléricale. Il n'est pas jusqu'à la catholique Pologne qu'il poursuive de ses colères rétrospectives, parceque, dans

---

(1) Cf. le passage relatif aux gentilshommes campagnards anglais en 1685, dans l'*Histoire d'Angleterre depuis l'avénement de Jacques II*, par lord Macaulay, chapitre III. — Malgré les différences inhérentes aux milieux sociaux, le hobereau britannique, contemporain du second fils de Charles Ier, et le légitimiste vendéen pur, sont des produits similaires d'une éducation identique, quant au fond.

sa détresse, elle a fait acte d'adhésion aux principes de la Révolution française. Mais il garde sa haine la plus vigoureuse pour Paris, dont les formidables ébulitions l'épouvantent, en même temps que sa supériorité intellectuelle et morale lui est un perpétuel sujet d'irritation fiévreuse, entretenue par la lecture quotidienne du journal bien pensant, qui charme ses nombreux loisirs de chasseur et désœuvré campagnard, et lui fournit les éléments d'une phraséologie banale, qu'il utilise, tant bien que mal, en temps et lieu. Grâce à cette lecture, aux entretiens habituels de sa table et de son foyer, dont quelques récits légendaires, fabriqués pour les besoins de son amour-propre et de celui de ses pairs, font, en général, les frais, il se croit naïvement descendu de la chevalerie romantique. Il ne se doute pas le moins du monde qu'il ait souffert, autant que nul autre, du régime féodal, dans la personne de ses ancêtres, qui s'en constituèrent, il est vrai, les champions, à dater du jour où cette royauté, tant prônée aujourd'hui, non satisfaite d'avoir réduit le baronnage à sa merci, s'était prise à vouloir imposer aux simples hobereaux le joug abhorré de la loi commune. L'ignorance de la date et des causes réelles de cette évolution politique des siens explique seule l'amalgame étrange du vieux levain anti-unitaire et de la ferveur monarchique, d'importation récente, qui s'est fait, de nos jours, dans la conscience du royaliste rural, descendant direct des capitaines huguenots du XVIe siècle, des mécontents et des frondeurs du XVIIe, des chefs de l'armée catholique de 1793, de tous ceux, en un mot, qui, depuis trois siècles, ont marché à rebours du progrès social.

Le séjour des grandes villes, les faveurs du scrutin électoral, qui soulèvent tant d'hommes de petite étoffe pour les porter en haut lieu, ne modifie en rien ces tendances innées. Le légitimiste vendéen rentre au bercail tel qu'il en est sorti, et se fait un titre d'honneur de son imperméabilité à toute idée moderne. Et pourtant, il n'en est pas moins vrai que sa fidélité à des opinions, qu'on peut apprécier sévèrement au point de vue démocratique, constitue, pour le légitimiste pur, un droit au respect et à l'estime de ses adversaires politiques, droit auquel ne saurait prétendre quiconque appuie sa manière de voir sur des intérêts, non sur des principes bien définis.

Malheureusement, son aversion rétractile pour les innovations l'entraîne, d'une manière fatale, à des alliances et à des compromis étranges, qui feraient supposer parfois, avec quelque apparence de raison, qu'il y a, de nos jours, force légitimistes de caste, peu de conviction.

La nature même des opinions du parti de la légitimité l'isole, en quelque sorte, des générations présentes. Aussi sa clientelle franchirait elle à peine les limites de l'office et du métayage, sans le concours du clergé catholique et de ses prosélytes, autrement nombreux que les siens. Toutefois leur union n'est pas cimentée par une sympathie bien réelle. Le châtelain ne peut se défendre, quoiqu'il fasse, de voir sous la robe du prêtre « le fils du paysan trempé dans l'encre, » et le prêtre, qui le sait bien, laisse rarement échapper l'occasion de faire sentir à son orgueilleux paroissien le poids de son patronat. Ce qui s'est passé, en mainte occasion, sous l'Empire, a montré assez d'ailleurs que le clergé sépare sans scrupule, au besoin, ses intérêts de ceux du partisan de Henri V; mais, en définitive, il y revient, entraîné par une attraction instinctive, et parce que, ayant ébauché, l'un et l'autre, leur instruction sous les mêmes professeurs et dans les mêmes livres, ils se sentent à l'aise ensemble sur le terrain des espérances réactionnaires et des vieux préjugés.— A toutes les époques de transformation religieuse et sociale, et dans tous les pays, les clergés, à quelque secte qu'ils appartiennent, font cause commune avec les aristocraties. Vivant d'un monopole menacé, ils se rattachent au parti dont les intérêts courent les mêmes périls que les siens.

II

LES CLÉRICAUX

On peut dire, sans crainte de calomnier le clergé bas-poitevin, qu'il est foncièrement médiocre. Pas un homme, qui ait sailli en fort relief, n'est, depuis des siècles, sorti de ses rangs. La période actuelle se trouve encore moins bien partagée, sous ce rapport, que les précédentes ; car celles-là ont du moins fourni, de temps à autre, des individualités dignes qu'on s'y arrête (1). Mais l'influence d'un corps consti-

(1) La plupart des publications, en bien petit nombre, sorties de la plume du clergé vendéen depuis 1852, confirment ce qui vient d'être dit. Si l'on en excepte le *Pouillé du diocèse de Luçon*, de feu M. l'abbé Eugène Aillery, certains ouvrages de M. l'abbé du Tressay, et les divers mémoires de M. l'abbé Baudry, curé du Bernard, sur ses fouilles archéologiques de Troussepoil, le surplus ne mérite pas qu'on le mentionne, à quelque point de vue qu'on se place. On sent que les auteurs de ces élucubrations, plus ou moins volumineuses, absolument étrangers aux études scientifiques, historiques et littéraires dépourvus de goût et de critique, n'ont fait que resasser à nouveau les erreurs puisées dans des travaux de seconde main, et qu'enregistrer les banalités ayant cours dans leur entourage. Quant à leurs légendes de bienheureux, de martyrs, et autres amplifications analo-

tué n'est pas seulement proportionnée à la somme d'intelligence qu'il renferme, ni à la considération dont jouit, en particulier, chacun de ses membres. Sa cohésion, si factice qu'elle soit, lui donne au contraire un poids considérable dans les destinées d'un pays. C'est à cette cohésion que le clergé vendéen a dû, dernièrement, l'alliance de toute cette fraction de la bourgeoisie, qui, ne sachant où chercher refuge contre les fantômes, dont son imagination malade est obsédée, est venue, faute de mieux, se jeter dans ses bras, et augmenter le nombre des incrédules qui vont à la messe pour donner le bon exemple au peuple.

Autre observation qu'il faut ne pas perdre de vue. Les classes riches, qui ne sont plus intéressées à peupler l'Église de leurs cadets, lui ont fourni, dans ces derniers temps, un nombre très restreint de recrues. Le contingent annuel des séminaires est donc sorti, à peu près tout entier, des classes laborieuses. L'espoir de participer dans leur vieillesse au bénéfice des cures, entre pour une bonne part dans les prévisions des chefs de familles pauvres, qui dirigent leurs fils vers cette ingrate carrière, dont les perspectives les plus riantes s'arrêtent au foyer réfrigérant d'un presbytère de village. Vicariats généraux, canonicats, titres honorifiques, paroisses largement rétribuées, étaient encore presque tous réservés, de longue main, il y a peu d'années, aux privilégiés de la naissance ou de la fortune, que des circonstances exceptionnelles égaraient parmi eux.

gues, elles sont restées même au-dessous de celles de leurs devanciers du moyen-âge, dont elles n'ont ni la naïve piété, ni l'élan ascétique. Cet abaissement intellectuel du clergé vendéen, indépendant d'autres causes générales, tient beaucoup à ce que quiconque, en son sein, veut sortir de ce niveau commun, y est bien vite ramené par l'indifférence et la froideur que ses chefs et ses pairs lui témoignent.

Qu'on ne s'étonne pas maintenant si habitué à se trouver au milieu de villageois, qu'il domine de toute la supériorité d'une érudition jamais contestée, le pauvre curé de campagne se prend vite d'une haute estime pour sa propre personne. « Vivant toujours dans l'isolement et la retraite, sans affections et sans famille, moins porté par éducation à acheter un livre qu'un cheval, il a peu d'occasions de corriger ses opinions par des lectures ou des conversations sérieuses, et croit, en conséquence, aux doctrines du droit héréditaire imprescriptible et de l'obéissance passive, telles quelles lui ont été enseignées dans leur absurdité grossière. » Les matières, agitées dans les conférences du lundi entre lui et ses confrères, ne sont pas non plus de nature à lui élargir les idées, mais elles le confirment dans la bonne opinion qu'il a déjà de soi. « Plus fier de sa modeste soutane qu'un dignitaire de son hermine, » il ne cesse, grâce aux enseignements reçus, d'identifier sa propre cause avec celle du ciel, et a fini par croire, de bonne foi, que résister aux prétentions envahissantes de son ordre est insulter à la majesté du créateur. Puis, partant de cette idée, il s'est appliqué, avec une bonne foi non moins grande, à remplir son cœur de haine contre ses adversaires politiques, dont il n'a étudié ni compris les découvertes scientifiques, les théories philosophiques et sociales, et s'imagine ne haïr que les ennemis de Dieu.

L'union de tous ces champions du passé, placés au centre de chaque point habité, qui, par les femmes surtout, ont pied dans chaque famille, constitue une force considérable, augmentée encore par l'appui efficace d'une foule de membres d'associations des deux sexes, partout éparpillés sous maints prétextes, et n'ayant d'autre but réel que de préparer en commun le retour du bon vieux temps.

La victoire, remportée le 8 février 1871 par la réaction, et les folles espérances qu'elle lui fit concevoir, eurent pour effet d'élargir le cercle de cette propagande, qui, d'occulte qu'elle était, devint aussitôt patente et ne dissimula plus le but qu'elle se proposait. Cinq années durant, on l'a vu s'étaler au grand jour, vociférant à pleins poumons ses excitations ultramontaines et royalistes au profit du « pontife-roi » et du comte de Chambord, pour récolter souvent le dédain, parfois la haine.

Aveuglement étrange, s'il en fût, que celui qui pousse le clergé et ses adhérents à renouveler sans cesse ces assauts furieux contre les principes de la Révolution, bases de la société civile, placés désormais, Dieu merci, hors de toute atteinte! Ils ne peuvent avoir d'autres résultats que de hâter, au détriment de leurs auteurs, la solution de graves problèmes, depuis longtemps à l'étude, que plus de sagesse empêcherait, temporairement peut-être, d'inscrire à l'ordre du jour de nos assemblées.

III

LES ORLÉANISTES

Tant que le bourgeois libéral, riche en terres, appuyé par une tradition de famille, souvent aussi ancienne que celle du noble, a soutenu une lutte d'influence avec le royaliste, et le prêtre, le premier l'a souvent emporté en Vendée. Mais au moment du plébiscite de 1870, nombre de bourgeois de vieille date, et d'enrichis de la veille ou du jour, avaient formé, avec le gentilhomme incontesté ou douteux et le clérical, une assurance mutuelle et réciproque contre la démocratie, dont la marche incessante et progressive les frappait d'une égale terreur. Aujourd'hui, malgré tant d'événements accomplis, la situation n'a pas changé, et, alors comme en ce moment, s'ils étaient d'accord dans leurs résistances préliminaires, ils cessaient de s'entendre, dès qu'il s'agissait de donner à la restauration monarchique éventuelle un sens définitif. Pour les uns, le duc de Bordeaux est resté l'unique sauveur de la société en péril ; pour les autres, encore plus rétifs à toute évidence, il n'y a pas d'union possible en dehors du comte de Paris. Plusieurs, moins exclusifs, rêvent toujours de réconcilier, sous l'administration hybride du duc d'Aumale, la race antique des Bourbons avec les aspirations modernes. Mais, en attendant, ces rêveurs, qui ont plié si longtemps le genoux devant Napoléon III, tout en se disputant jadis sa dépouille, convoitent maintenant celle de la République, sans pouvoir l'entamer.

Large était la place qu'occupait, il y a cinq ans, l'orléanisme dans les rangs de la bourgeoisie vendéenne. Elle est, présentement, divisée en deux fractions parfaitement distinctes. Chez l'une, l'éloignement des principes de la Révolution est en raison directe du chiffre de la fortune que cette Révolution a permis de faire à ses pères. Chez l'autre, ces principes, conservés comme un dépôt sacré, ont éprouvé parfois le développement naturel que le temps leur apporte sans cesse, ou bien ils sont restés immobilisés au fond des cœurs, sans subir de trop fortes atteintes. Il sera question, tout à l'heure, de cette seconde fraction, à propos du parti républicain.

L'orléaniste dynastique a caressé longtemps la pensée d'une

adoption du comte de Paris par le comte de Chambord, afin de ne faire des deux coteries qu'un seul parti. Mais cette combinaison, approuvée de certains légitimistes, n'aurait, dans le présent, qu'un résultat illusoire ; car la fusion des adhérants respectifs des deux princes ne sera de sitôt consommée. S'il ne s'agissait que d'amener les hommes à se donner la main, malgré leurs dissentiments natifs, la chose serait peut-être possible. Les rivalités de salons seront l'obstacle sérieux à tout rapprochement trop précipité. Tant qu'une grande crise n'aura pas forcé les débris des aristocraties à ne former qu'un bloc, pour sauver les épaves de leur bien-être, la petite guerre se perpétuera sur le terrain des vanités féminines, surtout dans les provinces éloignées de la capitale, où la rouille des vieux préjugés est si épaisse et l'éducation des femmes si futile. Les esprits clairvoyants des deux bords ne se trompent pas, du reste, sur les difficultés à vaincre, pour donner à l'orléaniste l'appoint de la considération conventionnelle qui entoure le gentihomme, et pour les fondre en une seule famille. Depuis des années, l'exemple d'unions par mariages a été donné dans les grandes villes. D'autres se sont produit ensuite et se produiront plus tard, sans vaincre des aversions réciproques et invétérées, que la nécessité pourra seule éteindre.

Après 1848, le parti orléaniste vendéen s'était, faute de sens politique assez développé, converti presqu'en entier au bonapartisme. La secrète satisfaction de faire échec aux prétentions légitimistes n'était pas restée étrangère à cette substitution de cocarde. Le coup d'État de décembre et les crimes atroces qui l'ont suivi avaient trouvé chez lui plus d'approbateurs que ne le comportaient ses opinions précédentes. Toutefois, il est bon de dire que la conversion était plus apparente que réelle : on l'a bien vu depuis. Il ne fallait rien moins que la peur, habilement exploitée, du spectre rouge, pour maintenir si longtemps tant de gens, pourvus de sentiments humains et de qualités privées, dans une attitude servile vis-à-vis de Napoléon III et de ses complices.

IV

LES BONAPARTISTES

Quant aux véritables partisans du régime impérial, ils se réduisent à des individus compromis autrefois dans des agissements de police, ou dans les tripotages, qui ont précédé le coup d'État de décembre et l'ont suivi ; à des fils et neveux d'anciens soldats, et autres braves gens restés les admirateurs héréditaires de la légende napoléonienne ; à quelques pauvres cerveaux éventés que son exhibition nouvelle à grand orchestre a séduit ; à certains bourgeois de campagne, en qui la haine et la peur de la démocratie n'est égalée que par l'envie qu'ils portent à toutes les supériorités de mérite ou de race, et dont le sabre constitue, à lui seul, le système gouvernemental tout entier. — Les élections des députés à l'Assemblée nationale de février 1871 ont témoigné, d'une autre part, de la valeur qu'on devait attacher au zèle dynastique des populations agricoles, tant vanté le lendemain du plébiscite. L'Empire, qui spéculait sur leurs instincts de conservation et leurs terreurs, adroitement entretenues, a obtenu d'elles tout ce qu'il méritait : appui inconscient, tant qu'il est resté debout ; oubli presque complet, dès que l'heure de sa chute a sonné. Que l'effondrement de Sedan se produise et la France paysanne aura elle-même « vômi son héros. » Il n'est pas jusqu'à ses séïdes qui se sont, alors, hâté, pour la plupart, de rentrer par la poterne dans le camp orléaniste, d'où ils étaient, presque tous, sortis par la porte cochère. Les fidèles, ayant le courage de s'avouer bonapartistes, sont devenus des raretés de premier ordre qu'on se montre dans nos cantons. — Se dire partisan du régime impérial après l'invasion prussienne, n'implique-t-il pas du reste, une perversion complète de l'intelligence ou du sens moral ? — L'égalité dans la servitude ne saurait convenir qu'aux âmes déchues.

V

Tel est, sous ses diverses formes, le personnel de la réaction soi-disant conservatrice, pourvu d'opinions plus ou moins raisonnées, que la crainte de voir ses intérêts matériels compromis par les désordres de la rue des villes, et des rancunes toujours vivaces tiennent en éveil.

Dans les grandes circonstances, et grâce à l'action administrative qui, par des centaines d'employés de toutes sortes, s'étendait, sous l'Empire, jusque dans le moindre hameau, ce chiffre grossissait en proportion de l'activité déployée pour intimider, effrayer, dévoyer l'immense classe des ignorants, dont les campagnes sont spécialement peuplées. Si la mise en œuvre était concertée avec le clergé, des dixaines de milliers de votes moutonniers arrivaient à point dans l'urne : le tour était fait ; la société sauvée !

Parmi les meneurs réactonnaires actuels, beaucoup useraient volontiers encore des mêmes procédés.

VI

LES RÉPUBLICAINS

L'opposition républicaine, qui, seule, s'est sans cesse efforcée de réagir contre l'entraînement général à abdiquer ses droits les plus imprescriptibles, était, avant septembre 1870, comme noyée sous ce flot d'adhésions imbéciles. — L'absence de moyens suffisants de publicité empêchait sa protestation d'arriver à l'oreille du peuple.

Les républicains de la Vendée se partageaient, ainsi qu'ailleurs, à ce moment-là, en plusieurs fractions distinctes : républicains constitutionnels, républicains radicaux, républicains socialistes.

Entre le républicain constitutionnel et le monarchiste libéral, il n'y avait souvent que la différence du cadet à l'aîné : question d'âge pour beaucoup. Tel qui, de 18 à 25 ans, avait lû le *National*, et, qui pis est, la *Réforme*, se délectait, à 35, de la politique des *Débats*, et affirmait, sans qu'on protestat, n'avoir pas changé de drapeau. Tranchant à peu de frais de l'homme avancé, au milieu des petites oligarchies bourgeoises, si foncièrement orgueilleuses et réactionnaires, des villettes et des bourgs, il faisait, avant sa conversion, le désespoir des familles bien posées, auxquelles il appartenait. Le mariage était surtout propice à ces rapatriements prévus.

Farouche dans le célibat, l'époux s'adoucissait outre mesure sous la pression de la main féminine, posée désormais sur son front, et que le prêtre dirigeait.

Il en était même qui, dociles au frein, brûlaient en public ce qu'ils avaient adoré, passaient sans transition du rouge au blanc, sauf à protester tout bas de leur fidélité à la foi démocratique, et qui, préparant, par une éducation cléricale, leur fils au surnumérariat nobiliaire, s'insurgeaient en cachette contre la lourdeur du boulet conjugal. La honte qu'éprouvaient, et qu'éprouveront longtemps, ces infortunés à se trouver en face de leurs anciens co-religionnaires, les rendent encore moins dignes de mépris que de pitié.

Il convient de rattacher à la classe des pseudo-républicains la plupart de ceux dont les opinions, peu définies, n'étaient que le résultat d'une aigreur d'amour-propre blessé, passé à l'état chronique. Mal satisfaits du rôle qui leur avait été départi; de trop mince valeur pour se faire d'autres destinées, ils s'étaient introduits dans le cénacle par le couloir secret, toujours ouvert sur l'escalier qui conduit de la médiocrité à la richesse. N'ayant que des appétits à contenter, ils se tenaient prudemment à courte distance des régions monarchiques.

La partie la plus saine de la fraction des républicains constitutionnels était, en réalité, ce qui restait des stationnaires de 1848. S'ils n'avaient pas marché en avant depuis cette époque, ils n'avaient pas fait du moins un pas en arrière, malgré les défaillances de leur entourage. Leur symbole politique reposait encore sur le grand principe de la souveraineté nationale, considéré comme inaliénable. Attardés dans des questions de formes, ils ne se rendaient pas bien compte de la puissance du mouvement qui s'opérait autour d'eux, et qui, à leur insu, les emportait dans sa marche rapide.

Immense avait été, en effet, par toute la France, les conquêtes de l'idée démocratique, malgré une effroyable compression de vingt années, et peut-être à cause d'elle. Bien que les départements, privés de grands centres, eussent été moins activement soumis à l'action commune ; bien qu'en Vendée, la proportion du chiffre de la population ouvrière à celui de la population agricole fut de un à douze, elle était loin d'y être restée étrangère. C'est à peine si, en 1848, elle possédait 200 républicains constitutionnels en son sein, tandis que, en 1870, elle comptait quinze cents radicaux et plus dans les rangs de ses industriels, commerçants, agriculteurs ou rentiers. Tous n'avaient pas conscience entière de la portée de leur opinion ; mais la plupart savaient témoigner au besoin, par des actes effectifs, qu'ils possédaient l'un des côtés pratiques de leurs aspirations généreuses.

Parallèlement au chemin que suivaient les radicaux, s'avançait le petit groupe des républicains socialistes, simple amalgame, assez peu compact jusqu'alors, d'adeptes de diverses écoles, auquel s'étaient ralliés quelques braves cœurs ardemment épris de l'amour de leurs semblables. La fusion en un seul des divers devoirs du compagnonnage avait donné plus de consistance à ce groupe, et accusé sa raison d'être. La Franc-Maçonnerie n'y était pas non plus restée étrangère.

De rares discidents, ouvriers coureurs pour la plupart, affichaient la prétention de marcher dans les voies du socialisme, sans se préoccuper de la forme gouvernementale. Ce n'était peut-être, de fait, que des affiliés de la police impériale, chargés de compter dans l'ombre, et jusqu'aux extré-

mités du territoire, les pulsations les plus secrètes des artères de la nation.

Les doctrines de l'Internationale, qui ont failli faire brèche dans le vieux monde (1), avaient, en outre, quelques rares prosélytes dans ces contrées, importées qu'elles avaient été de Paris, de Lyon, de Marseille, de Toulouse, de Limoges et autres grandes villes.

L'ensemble de ces différentes fractions du parti républicain formait un tout d'environ trois mille citoyens, chiffre considérable, eu égard à celui des ses adversaires, plus ou moins sérieux, de toutes les nuances ; mais bien moins susceptible que le leur de grossir outre mesure, en cas d'appel au scrutin ; car la foule ignorante se détournait naturellement du républicain, qui, s'appuyant, pour lui parler, sur des questions de principes, et non sur des intérêts immédiats, ne pouvait trouver écho dans des esprits envahis par la peur et par un personnalisme étroit et brutal.

Il n'en était pas ainsi de l'ouvrier aisé, généralement plus instruit, et qu'un contact habituel, dans les chefs lieux d'arrondissement et les gros bourgs, avec les courants intellectuels rendait plus aptes à se soumettre à la loi des progrès sociaux. — Le prolétaire des mêmes localités, vivant au jour

---

(1) « L'association internationale des travailleurs, ainsi que toutes les sociétés ou individus y adhérant, reconnaîtront la *Vérité*, la *Justice*, la *Morale*, comme devant être la base de leur conduite envers tous les hommes, sans distinction de couleur, de croyance ou de nationalité.

» L'Association considère comme un devoir de réclamer, non-seulement pour ses membres, les droits d'homme et de citoyen; mais encore pour quiconque accomplit ses devoirs. — Pas de *devoirs* sans *droits*, pas de *droits* sans *devoirs*.

(*Procès-verbaux du Congrès de l'Association internationale des travailleurs, tenu à Genève, le 3 septembre 1866.*)

le jour, maintenu en tutelle par l'impérieuse nécessité de fournir à sa famille le pain quotidien, subissait, au contraire, le patronage des associations catholiques, qui, en échange d'une offrande parcimonieusement calculée et portée avec ostentation à domicile, glissaient à sa femme le bulletin de vote, destiné à river plus solidement à son cou la chaîne du servage.

Les cruelles desceptions causées par la débacle de l'empire; celles, moins tragiques, mais non moins complètes, qu'a produit l'inanité des efforts, tentés dans le sein de la dernière assemblée, pour restaurer une monarchie quelconque, ont rallié au parti républicain beaucoup de bons esprits, qui font passer l'intérêt de la patrie avant leurs préférences individuelles. De telle sorte que ce parti se trouve, actuellement, sinon capable de l'emporter à lui seul, par toute la Vendée, sur la coalition réactionnaire; mais, dans l'arrondissement de Fontenay, il la domine presque, il la combat avec succès, dans une portion de celui de la Roche, et marche hardiment à la conquête de celui des Sables, en commençant par ses cantons du midi.

VII

LES CLASSES LABORIEUSES

Mais c'était dans les campagnes que la réaction avait beau jeu, récemment encore.

Lié au sol natal par des attaches traditionnelles, le paysan vendéen aime la terre comme l'amant aime sa maîtresse :

avec une passion farouche. Systématiquement maintenu dans une ignorance presque absolue de ses droits de citoyen, — les agents de l'Empire se gardaient de les lui rappeler, — pourvu qu'il payât l'impôt, rachetât son fils du service ou le livrât à la glèbe militaire, qu'il allât, de temps à autres, porter docilement dans l'urne électorale le bulletin remis par le sacristain ou le garde champêtre, il se croyait dégagé de tout devoir envers le pays et ses lois. Son idéal se résumait à se défaire à bon prix de ses bestiaux et de ses denrées, à arrondir son champ, rebâtir à neuf sa maison, suivre, le lendemain, le sentier battu de la routine suivi la veille, sans perdre jamais de vue le clocher paroissial. L'horizon qu'embrassait son regard constituait son unique patrie : le reste lui était comme étranger. L'aisance, venant le visiter, n'élargissait point ses vues, à moins qu'un heureux concours de circonstances lui permit, par exception, de réchauffer son cœur au foyer des idées libérales. Jeune, il avait parfois cependant des instincts généreux, que l'âge ne tardait pas à glacer. Son égoïsme, surexcité par les difficultés d'une vie de privations, était souvent tel, alors, qu'il lui faisait oublier les sentiments les plus élémentaires. Malheur, par exemple, au père ou à la mère de famille, qui, après avoir usé ses forces à élever ses enfants, restait à leur charge, la vieillesse venue. S'il n'avait pas su ou pu mettre en réserve « *de quoi vivre,* » ses fils le laissaient, en maints endroits, mendier son pain, sans le moindre scrupule et sans que la conscience publique s'indignat contre eux.— La femme du logis tombait-elle malade, en même temps que la vache ; le traiteur soignait la vache, et la femme, privée du secours de la médecine, attendait sa guérison de celui de quelque commère compatissante. Dépourvu, en un mot, d'instruction, l'esprit toujours tendu vers les questions de gain, le paysan ne demandait pas mieux que d'abandonner le soin des affaires publiques au premier venu, qui lui promettait, en échange de son abdication, facile écoulement de ses produits, et flattait ses sentiments égalitaires, seul point sur lequel il restât intraîtable. Car, en même temps que la possession d'une parcelle du sol, acquise au prix d'une économie constante, l'avait rendu conservateur en politique, elle lui avait inspiré un sentiment d'indépendance et de fierté individuelle, désormais indestructible.

Les partis qui ont exploité, tour à tour, sa crédulité et ses craintes, ses sentiments religieux et son respect pour la légalité, se sont trompé d'une manière absolue, lorsque, dans sa docilité à suivre, à un moment donné, leur inspiration en matière électorale, ils ont cru voir une préférence marquée pour telle forme de gouvernement. Là où le réactionnaire, d'une couleur quelconque, a supposé trouver un néophite zélé, il n'a rencontré de fait qu'un allié passager, n'ayant en vue que son intérêt personnel, le plus souvent malentendu, et qui nourrissait au contraire une sorte de mépris, mêlé de jalousie, pour le riche désœuvré, dont la vanité puérile n'a cessé de fournir aliment à son intarissable *gouaille*. La composition des conseils municipaux des communes rurales, élus dans les dix dernières années du règne de Napoléon III, indiquait on ne peut mieux déjà cette tendance, qui est allée s'accentuant, depuis, chaque jour d'avantage. Tout gouvernement, appuyé sur une aristocratie fainéante, trouverait, par conséquent, en lui un ennemi acharné. Sa froideur pour le noble, déjà fort grande, le serait bien d'avantage, sans l'alliance de celui-ci avec le prêtre plébéien, qui, par ce motif, a perdu de son crédit dans certaines régions. L'essai de jacquerie bonapartiste, qui s'est produit aux approches de septembre 1870, essai qui fut à la veille de prendre des proportions redoutables, a jetté une sombre clarté sur les profondeurs inconnues de cette antipathie, mal déguisée à la surface. — Survienne un moment de crise sociale, et la richesse sera, il faut bien le dire, plus en sûreté dans les villes que dans la plupart des campagnes, si l'on n'y prend garde.

Il n'est pas jusqu'à l'engouement du paysan pour Napoléon III qui s'explique ;en ce sens, lorsqu'on l'étudie sous ses diverses faces. La tradition révolutionnaire et anti-bourbonienne de l'*Oncle*, qui, soigneux de sa popularité, avait laissé survivre légalité civile à la liberté, y avait une large part (1).

Rien d'étonnant du reste à ce que Napoléon-le-Petit ait été populaire en France. Néron, cet historion couronné,

---

(1) Ce n'est pas que le César corse n'ait médité, à diverses reprises, de reconstituer la féodalité sous une forme nouvelle, appropriée aux exigences de son despotisme; mais l'opinion publique parla toujours trop haut, dans le sens contraire, pour qu'il ait pu mettre à exécution cette partie de ses plans contre-révolutionnaires. Le passage suivant des *Recherches sur le bas Anjou* de Fr. Bodin (t. II, p. 464), ne laisse aucun doute à cet égard.

« Quelques temps avant d'entreprendre le voyage qu'il fit, en 1808, dans la Vendée, Napoléon demanda à une personne de sa cour, dont les terres étaient situées dans l'un des départements qu'il devait traverser, si, lorsqu'elle assistait aux offices de sa paroisse, on lui donnait l'encens, et si on la recommandait au prône. Cette personne ayant répondu que ce n'était plus l'usage, et qu'il y aurait une vanité ridicule à l'exiger, ou même à le souffrir, il ajouta : « *sous ce rapport, vous avez raison; mais tout cela reviendra*, ET ENCORE PLUS. » Et, là-dessus, il lui développa son projet de grands et de petits majorats.

« Cette anecdote, que je tiens, ajoute Bodin, d'un témoin digne de foi, pourrait servir de preuves, s'il en était besoin, que le rétablissement d'une partie de l'ancien régime était moins improbable en 1808, qu'il ne l'est en 1822. »

avec lequel le dernier des panégyristes de César a plus d'un point de ressemblance, le fut pour le moins autant que lui en Gaule, et par des moyens identiques. Tous les deux eurent la même propention à s'entourer d'êtres dégradés, à parader en public, à quêter les applaudissements d'une ignoble plèbe ; tous les deux s'appuyèrent de préférence sur les bas instincts de la nature humaine, et nourrirent la même haine contre quiconque se recommandait à l'estime ou à la faveur publique par l'élévation du caractère, par le talent ou la vertu, par la richesse ; tous les deux, enfin, mirent la même ardeur désespérée à entasser pierre sur pierre, afin d'y laisser trace de leurs noms, qu'ils sentaient méprisés ; mais qu'ils voulaient inscrits à tous les carrefours, à défaut d'autre renommée. Si, pour les *légitimistes* de l'une et l'autre époque, ils restèrent des parvenus, devant lesquels ces puristes anodins ne dédaignèrent pas, il est vrai, de brûler quelqu'encens ; si, pour les citoyens, que la tyrannie n'avait pû entamer, ils furent des égorgeurs des libertés publiques, les masses ignares, qui se complaisent dans la tutelle d'un maître, pourvu qu'il flatte leurs passions envieuses et serve leurs intérêts du jour, ne virent en eux que des niveleurs, habiles à dissimuler le poids d'une servitude, lourde surtout aux têtes les plus hautes. Seulement le fils d'Agrippine fut plus artiste que le fils d'Hortense, l'un des déshérités de ce monde du côté du goût.

La portion occidentale du territoire des Pictons, la Vendée actuelle, paraît avoir été spécialement attachée au parti de Néron, à en juger par le nombre relativement considérable, qu'on y rencontre, de monnaies de tous métaux à l'effigie de cet empereur et à celle de Vitellius, son successeur légitime, aux yeux des nombreux admirateurs qu'il conserva, longtemps après sa mort, dans plusieurs provinces (1). Le paysan vendéen de nos jours ne différant pas d'une manière essentielle, à certains égards, de ses aïeux de la période gallo-romaine, il est naturel que des motifs d'engouement, analogues à ceux qui portèrent ces derniers à soutenir la cause de Néron, lui aient temporairement fait embrasser le parti de Bonaparte.

Malgré ses défauts natifs, malgré les vices d'emprunts qu'il doit à l'état demi-barbare dans lequel il a croupi jusqu'ici, le peuple des campagnes reste pourtant toujours, quoi qu'on fasse, le réservoir commun qui recèle les éléments de régénération sociale. Vitalité vigoureuse et sang pur sont en lui. Il a de plus certains traits de caractère qui ne se rencontrent que chez les natures bien trempées ; il est hospitalier, fidèle à sa parole, capable de reconnaissance envers ceux qui lui ont rendu service. S'il est défiant, c'est que lui et les siens ont été mille fois trompés ; s'il est vaindicatif, c'est qu'il ressent vivement un affront. Qu'une éducation et une instruction intelligentes lui donnent conscience des devoirs de l'homme envers ses semblables, du citoyen envers son pays, on sera étonné des changements favorables

---

(1) Les monnaies de Vitellius, rares presque partout ailleurs, ne le sont pas trop en Vendée. Une recherche de trente années en a fourni trois d'or, deux d'argent et une trentaine de bronze des deux modules à un seul collectionneur. Dans la commune de Nalliers, on a trouvé sept moyens bronzes, tous à fleurs de coin, portant le même revers, et réunis ensemble. Les pièces de Galba et d'Othon, compétiteurs de Vitellius, ne se rencontrent pas au contraire dans le pays.

La découverte fréquente de monnaies de Néron, qui a régné longtemps, ne prouverait rien au point de vue où nous nous plaçons ; mais il n'en saurait être ainsi de celles de son successeur, qui n'a porté que passagèrement la pourpre. Il a fallu une cause déterminante pour que son numéraire soit venu en aussi grande quantité chez les Pictons. (V. *Poitou et Vendée*, article *Nalliers*, p. 10.)

qui se produiront rapidement en lui. Le premier moyen à employer pour atteindre ce but est l'instruction gratuite et obligatoire, pour les enfants des deux sexes, qui procure à tous des idées générales sur chaque chose de la vie privée et publique, leur permette de se passer du secours d'autrui dans la gestion de leurs affaires, et les initie aux questions d'ordre supérieur. « Le bien-être à venir des classes laborieuses, a dit avec raison Stuart Mill, dépendra surtout de leur culture intellectuelle. » Toute tentative en dehors de cette voie ne produira qu'un résultat éphémère ou funeste.— On ne moralise pas la brute ; on l'exploite.— Faire participer l'homme des champs à la vie morale ; éclaircir la teinte sombre qui macule, sur la carte scolaire de France, un trop grand nombre de circonscriptions, là, est l'unique porte de salut des générations futures. Tandis que, si l'on persévère à se servir, dans l'enseignement départi aux classes laborieuses, des vieilles machines à rétrécir les cervelles, on prépare à bref délai des luttes aussi inévitables qu'horribles. Rien n'est à redouter comme le déchaînement des passions qui bouillonnent dans des têtes fermées à la lumière, et que mettent en mouvement des déclassés. L'humanité est lancée sur la pente, désormais irrésistible, de la démocratie : vouloir la lui faire remonter serait folie, et l'imbécilité la plus aveugle oserait seule le tenter. Il est plus que jamais indispensable de la soustraire à l'absurde direction des demi-savants, des demi-libéraux, des demi-messieurs, et autres médiocrités, en haussant le niveau général des intelligences ; d'immerger les ambitieux faméliques dans un milieu plus élevé, qui les domine et les absorbe.

Les ennemis du peuple sont seuls intéressés à le maintenir, par l'ignorance, dans une sujétion misérable. Les aristocraties ne subsistent qu'à ce prix. L'idée d'avoir à leur service une femme de chambre quelque peu instruite est particulièrement désagréable aux anciennes élèves de beaucoup de pensionnats du monde, aussi bien qu'à celles du Sacré-Cœur et autres maisons qualifiées religieuses, qui ne comprennent que l'*école des servantes*, tenue par les *bonnes-sœurs*, pour la petite paysanne, et, pour son frère, quelque chose à l'avenant.

Un symptôme qu'on ne saurait, à cette occasion, passer sous silence, est l'aversion que garçons et filles de nos campagnes commencent à témoigner pour toute domesticité autre que celle des exploitations agricoles, où elle est simplement la location du travail entre égaux, et le dédain qu'ils professent, d'un commun accord, pour la livrée. Le bocage, où le paysan est plus exceptionnellement propriétaire que dans le marais et la plaine, a presque seul désormais le triste privilège de fournir des laquais aux maisons luxueuses. C'était aussi la portion du territoire départemental qui votait le mieux au gré de la réaction cléricale et légitimiste, à la fin du second empire; le degré de libéralisme du scrutin étant toujours, dans chaque commune, en raison directe de la somme d'instruction que possèdent ses habitants.

Le mépris qu'affichent trop ouvertement certains favoris de la fortune pour le travail, auquel ils prétendent ne toucher ni de près ni de loin, n'a pas peu contribué à la répulsion qu'éprouvent les enfants des travailleurs à entrer à leur service. La distance qu'ils ont voulu mettre entre le peuple et eux s'est creusée en abîme, qui ne cessera de s'élargir, tant que la jeunesse opulente donnera, en une foule d'endroits, l'exemple de la paresse, et s'en ira vauriennant par les champs et sur le pavé des villes. La paresse est contagieuse : du riche elle est passée, avec son cortége de vices, au pauvre. D'abord à l'ouvrier, dont l'indigence coudoie, à toute heure, un luxe effréné. Puis, de proche en proche, elle a gagné jusqu'au villageois. Car c'est une erreur de croire que le journalier rural soit demeuré à l'abri de l'énervement qui a atteint le prolétaire des cités. Pour quiconque veut se donner la peine d'apprécier le contingent quotidien de labeur fourni par l'un et l'autre, celui du premier est inférieur à celui du second, souvent de beaucoup, et il est moins préjudiciable à sa santé. Il est vrai que le salaire est proportionnel à la peine ; ce qui n'empêche pas le campagnard d'avoir, plus que l'ouvrier, la prévision du lendemain, parcequ'il n'a pas l'occasion si fréquente des dépenses inutiles. La disparité dans les salaires, qui a enlevé à la charrue quantité de bras pour les donner aux fabriques, et la différence des résultats économiques du genre de vie, ce que ne peut comprendre le paysan, ont fait naître entre gens, dont les conditions sociales sont identiques, une animosité d'autant plus profonde, qu'elle a été longtemps fomentée et entretenue, au bénéfice de la réaction, avec un soin sans égal, comme l'ancre de sauvetage qui tenait sa nacelle à *flot*.

Autre motif d'antagonisme plus apparent que réel; mais dont les conséquences sont très graves pour le présent. Deux évolutions parallèles s'opèrent, chez nous comme ailleurs, depuis quelques années, dans les couches agissantes. Tandis que s'affirme de plus en plus, dans l'industrie, le droit du travail à participer aux bénéfices du capital, la terre tend, de plus en plus aussi, à passer entre les mains du paysan qui la cultive. Or ces deux évolutions créent, pour un temps assez long, deux courants d'intérêts rivaux à la superficie, l'un s'appuyant sur l'association, l'autre sur l'éparpillement du sol entre les individus. Toutefois, comme elles ne sont, au fond, que des formes variées de la même revendication de l'indépendance individuelle, il y aura, tôt ou tard, entente entre les parties intéressées à poursuivre un but commun. Ce jour-là, le règne des désœuvrés aura cessé. En attendant qu'il arrive, ouvriers et paysans, les yeux couverts du voile qu'il s'agit d'écarter, continueront une lutte fratricide, qui se traduira, dans les moments de crise, par des rixes sanglantes, profitables aux adversaires de la fraternité ; en temps de paix, par des quolibets, et par l'échange réciproque de produits frelatés. Sur ce dernier terrain, l'avantage restera sans cesse au paysan, passé maître en fait de maquignonnage. « — *Vous allez vous empoisonner*, disait quelqu'un à un villageois occupé à remplir son panier de champignons non comestibles. — *Oh que nenni, monsieur ! c'est pas pour les manger ; c'est pour les vindre à la ville.* » — Le berger Aignelet de l'*Avocat Pathelin* eût-il trouvé mieux ?

Les metteurs en œuvre du plébiscite ont eu peu de frais d'imagination à faire, pour raviver cet antagonisme et en tirer parti.

Depuis cinq ans, le campagnard vendéen a fait en avant un pas énorme. Il commence à ne plus se payer de paroles creuses, et se désintéresse beaucoup moins des affaires publiques, qui, après tout, sont les siennes.

VIII.

En résumé, le contingent électoral de chacun des partis,

qui se trouvent en présence au mois de février 1876, s'établit ainsi :

Légitimistes. — Deux cent cinquante et quelques nobles, ou aspirants à la noblesse par possession d'état, qui réunissent à peine, à eux tous, une clientelle de deux mille électeurs, ayant conscience de leur opinion.

Cléricaux. — Quatre mille et quelques cents, composés : 1° de l'ensemble du clergé ; — 2° des différents personnels des églises ; — 3° des états-major de chacune des associations religieuses ; — 4° des employés du gouvernement pour qui les apparences d'un zèle pieux sont un marche-pied utile ; — 5° de la fraction de la bourgeoisie ralliée de la veille ; — 6° des chefs de famille de la gent dévote des villes et des champs.

Ce parti, puissant par l'organisation, dispose en outre de plus de vingt-cinq mille voix, dont les quatre cinquièmes et plus sont fournis par les terrains granitiques et schisteux du bocage, ancien théâtre des hauts faits de l'armée catholique, où les idées libérales ont moins d'accès que sur le calcaire (1).

Orléanistes. — Placés, depuis 1870, au point d'intersec-

(1) Fait digne d'être constaté : la carte de la guerre, encore plus religieuse que politique, de la Vendée est, en même temps, une carte géologique. Les insurgés occupaient les terrains granitiques et schisteux, et les limites de l'insurrection s'arrêtaient, à peu près exactement, où commençait le calcaire. De toutes les apparitions miraculeuses, organisées pour surexciter le fanatisme des paysans vendéens, pendant les deux années qui ont précédé le soulèvement de mars 1793, aucune n'eut lieu en dehors de ces mêmes limites ; preuve certaine que la nature d'un sol influe, d'une manière essentielle, sur l'état physique et mental des populations qui l'habitent. Nous avons, depuis longtemps, réunis les éléments d'un mémoire détaillé sur ce sujet, pour ce qui concerne nos contrées.

tion des deux voies qui mènent, soit à la légitimité, soit au bonapartisme, ils attendent là, immobiles, au nombre d'environ quinze cents officiers et trois mille soldats, l'occasion de donner, tête baissée, dans l'une ou l'autre impasse.

Bonapartistes. — Avoués, cinq cents; inconscients ou honteux, six mille.

Libéraux ralliés à la République. — Trois mille cinq cents. Dix à douze mille autres voix leur sont acquises.

Républicains. — Six mille, groupant autour d'eux quinze ou seize mille électeurs, disposés à les suivre au scrutin.

Total en chiffres ronds : *Trente-six* ou *trente-sept mille* républicains et libéraux; *Quarante-deux mille* réactionnaires; — En tout : *Quatre-vingt mille* votants, sur cent et quelques mille inscrits; encore faut-il que, des deux parts, toutes les forces soient engagées. Le plus souvent, soixante mille, à peine, prennent part à l'élection des représentants de la nation. Lors du scrutin du 2 juillet 1871, — qui donna gain de cause à **M. Emile Beaussire**, libéral, contre **M. Louis Prévost de la Boutetière**, légitimiste, ils n'étaient que cinquante-neuf mille neuf cent trente-neuf.

Les abstentionistes endurcis apppartiennent, en général, à la classe des prolétaires urbains ou ruraux. On ne les amènera à l'urne électorale qu'après leur avoir donné la notion de leurs droits, et les avoir intéressé aux questions politiques.

Républicains et libéraux savent actuellement ce qu'ils veulent, encore mieux qu'en 1871. Ils ne sauraient regretter, sous ce rapport, la longue durée de l'Assemblée élue le 8 février de cette année, qui s'était donné pour mission de montrer jusqu'où peut aller l'esprit de réaction chez leurs adversaires. Grâce à elle, nul malentendu, nulle illusion n'est à l'avenir possible, au sujet des prétentions audacieuses et surannées des légitimistes et des cléricaux. Ils ont eu tout le loisir de mettre à nu ce qu'ils cachaient, antérieurement, au fond de leur âme.— Pour eux, les principes promulgués en 89 sont lettre morte; il n'y a plus qu'à procéder à leur enterrement civil. Ainsi du reste. — Dans cette longue et infructueuse campagne contre le droit actuel, se sont particulièrement signalés, par leurs actions, leurs discours et leurs votes, sept, sur huit, des députés de la Vendée. Il ont résolument fermé, sur eux tous, la barrière qui sépare le monde moderne du monde ancien. On n'a plus qu'à les laisser s'éteindre en paix dans l'impénitence et la solitude. Lors même que tel ou tel d'entre eux viendrait à se survivre à lui-même, il n'en serait pas moins mort pour sa cause.

IX

Les partis étaient en cet état, lorsqu'on fut appelé à nommer les trois membres du Sénat départis à la Vendée, en vertu de la loi organique du 2 août 1875. D'après ses dispositions, le corps électoral était composé des huit députés du département, des trente membres du conseil général, des trente membres des conseils d'arrondissements, des délégués des conseils municipaux, au nombre de deux cent quatre-vingt-dix-neuf, c'est-à-dire à raison d'un par commune. Total : trois cent soixante-trois électeurs, déduction faite de quatre membres du conseil général, en même temps députés.

Rarement législateurs ont donné aussi déplorable preuve du défaut de sens gouvernemental que les auteurs de cette loi.

Indépendamment de ce qu'il y a de contraire à toute idée pratique de ne tenir aucun compte du chiffre de la population entre les communes, et de réduire Paris, Lyon, Marseille, Bordeaux, Lille au niveau de la Copechagnère, de Mallièvre, la Claye, Saint-Nicolas-de-Brem ou Pissotte ; — Indépendemment de ce que certains électeurs privilégiés (députés, conseillers généraux, conseillers d'arrondissements) étaient du second degré, tandis que les autres ne l'étaient que du troisième, y a-t-il rien de plus fâcheux que d'avoir transformé les conseils municipaux en corps politiques, et semé ainsi en leur sein des dissentiments qui n'auraient jamais dû franchir le seuil des maisons communes. Mais ceux qui ont dirigé le vote de l'Assemblée nationale avaient bien d'autres soucis en tête ! La voix des villes était étouffée sous le flot des ruraux ; Paris était de nouveau humilié : que leur importait le reste ? — On se demande si une machine de guerre, ainsi forgée de pièces et de morceaux, devait survivre au premier usage qu'on méditait d'en faire.

Quoiqu'il en soit, les délégués furent nommés le 16 janvier, jour fixé par la loi du 30 décembre 1875.

La plupart d'entre eux étaient loin de représenter l'opinion de la majorité des corps qui les avaient élus. Plusieurs devaient leur nomination à l'estime générale qui les entourait, abstraction faite de leurs opinions personnelles. Beaucoup d'autres se sont trouvé faire partie du corps électoral, grâce à l'influence prépondérante de bon nombre de ces maires de combat, empruntés, dans la France entière, par les préfets de M. de Broglie, à l'arsenal de l'Empire, et dont la devise n'a cessé d'être : *Omnia serviliter pro dominatione;* ce qui veut dire en bon français : serviteurs aveugles de l'administration, pour être les maîtres dans leurs bourgades.

Or, tout délégué, élu dans ces conditions, maire ou autre, était acquis par avance à la réaction. Voici d'ailleurs le classement de 299 électeurs envoyés par les conseils des communes vendéennes :

Républicains...........................	*122*
Légitimistes purs........................	*35*
Monarchistes...........................	*21*
Cléricaux, dont vingt et quelques paysans illettrés.	*47*
Indécis, la plupart anti-cléricaux............	*55*
Bonapartistes avoués....................	*19*
	299

Le clergé, qui perd journellement de son influence réelle, était représenté par deux seulement de ses membres : le curé de Saint-Maurice-des-Noues et celui de Sainte-Florence. L'un d'eux passait pour bonapartiste.

Si l'on passe maintenant en revue les soixante-trois électeurs du second degré, on arrive à cet autre résultat :

DÉPUTÉS

Républicains............	*1*
Réactionnaires..........	*7*

CONSEILLERS GÉNÉRAUX

(Déduction faite des quatre députés qui figuraient parmi eux),

Républicains............	*11*
Réactionnaires..........	*15*

CONSEILLERS D'ARRONDISSEMENTS

Républicains............	*8*
Réactionnaires..........	*22*

Ces chiffres, ajoutés à ceux qu'a fourni le classement des délégués par parti, donnaient conséquemment :

Républicains................................	*142*
Légitimites, monarchistes et cléricaux...	*147*
Bonapartistes...........................	*19*
Indécis....................................	*55*
	363

X

Antérieurement à l'élection des délégués, chaque parti avait déjà désigné ses candidats. MM. Emile Baussire, député, Hippolyte Périer, maire de la Roche-sur-Yon et membre du conseil général, Edouard Richer, maire de Noirmoutier, aussi lui membre du conseil de département, étaient ceux du parti libéral. Ils avaient également été acceptés par les républicains les plus avancés, qui, dans cette circonstance comme dans bien d'autres, ont sacrifié leurs préférences particulières à l'esprit de discipline et aux nécessités imposées par le milieu dans lequel ils se trouvent. — Les trois honorables candidats partageaient les opinions modérées du centre gauche.

Les meneurs du parti légitimiste, certains d'un échec, s'ils mettaient au jour une liste exclusivement composée de noms trop significatifs, s'étaient assuré, de longue main, le concours du président du conseil général, M. François Gaudineau, ancien orléaniste fusionniste, disposé à soutenir la politique de M. Buffet. Cette combinaison, arrêtée, dit-on, dès le milieu de décembre, avait le double avantage de donner à la liste monarchiste une apparence officielle, et de permettre ainsi à deux partisans de Henri V de s'introduire dans le Sénat, avec armes et bagages, habilement dissimulés. Les noms de M. Auguste de Cornulier, membre du conseil général pour le canton de Montaigu, et celui de M. Edouard Morisson de la Bassetière, député sortant, furent, en conséquence, inscrits à la suite de celui de M. Gaudineau.

On ne sait trop si les bonapartistes ont jamais eu, pour leur part, une liste complète. Opérant sur des chiffres improbables, personne, parmi eux, ne se souciait de courir, de gaîté de cœur, les chances d'une déconfiture ridicule. En définitive, M. Pugliesi, ancien préfet de la Vendée sous l'Empire, et gendre de M. Conti, secrétaire intime de feu Napoléon III, fut le seul qui ait posé sa candidature à la dernière heure, sous les auspices du comité impérialiste de Paris, dont il était l'agent en Vendée.

La connaissance qu'on eut de la nomenclature à peu près complète des délégués, dès le 18 janvier au soir, força les bonapartistes à une réserve plus grande que celle gardée par eux jusque-là. Leur tactique se réduisit, à partir de ce moment, à tirer le meilleur parti possible du petit nombre de voix qu'ils avaient en partage. Un mot d'ordre, donné dans toute la France, les dirigea tout droit vers les monarchistes, plus accomodants que les républicains sur les questions de principes. L'accord fut bientôt fait. M. Pugliesi estima toutefois utile de maintenir sa candidature, afin de donner à ses co-religionnaires l'occasion de se compter. Le résultat obtenu a dû pleinement le satisfaire.

De leur côté, les légitimistes et les cléricaux comprirent que, s'ils persistaient à patroner deux candidats de couleur blanche, ils couraient risque d'assurer l'avantage aux républicains. Ces cinquante-cinq *indécis*, la plupart anti-cléricaux, leur donnaient à réfléchir. M. de la Bassetière, plus compromis que M. de Cornulier auprès des hommes du tiers parti, se laissa persuader de se retirer, pour faire place à M. Vandier, autre député sortant, qui voulait poser isolément sa candidature au Sénat, s'il était évincé des listes collectives. Les opinions nuageuses du nouvel arrivant permettaient de l'accommoder au goût, quelqu'il fût, des récalcitrants.

De cette façon, la circonscription nord de l'arrondissement des Sables se trouvait livrée aux légitimistes, qui aspiraient à l'honneur de la représenter à la Chambre des députés. — Aucuns prétendent même que l'un de ceux-là avait très activement poussé à substituer M. Vandier à M. de la Bassetière ; mais qu'il s'est aperçu trop tard, depuis, qu'en agissant de la sorte, il avait simplement battu les buissons pour un autre veneur, lauréat des concours cynégétiques, pourvu de meutes, équipages et relais autrement préparés que les siens pour cette chasse à courre. — Mânes illustres de Jacques Du Fouilloux, vous en avez tressailli d'aise !

L'apparition sur la scène des cinquant-cinq ne fut pas, non plus, sans inquiéter les républicains. En vue de contrebalancer l'effet de leur alliance possible avec les monarchistes, plusieurs, surtout parmi les démocrates radicaux, émirent l'avis d'entrer en pourparlers avec les légitimistes purs, les seuls de leurs adversaires pour lesquels ils eussent la considération qu'on se doit entre hommes sincèrement attachés à des principes définis, et ayant au cœur l'amour désintéressé de la patrie (1). En cas d'entente, elle devait se

(1) Voici quelle était, à cet égard, l'opinion de Godefroy Cavaignac, (frère du général), ce chevaleresque champion de la cause républicaine. Sauf une expression un peu risquée, qu'excuse le laisser-aller

faire, selon eux, sur le nom généralement estimé de M. de Cornulier. D'autres, plus clairvoyants peut-être, ne dissimulèrent pas leur antipathie pour toute alliance, même passagère, avec des antagonistes qui côtoyaient de si près le parti clérical, qu'on avait cent raisons de tenir à distance. Ils remontrèrent, de plus, que le nombre des légitimistes purs, inscrits sur le rôle des électeurs, était trop restreint pour motiver une semblable démarche. Cette dernière considération parut décisive. D'un commun accord, on résolut de combattre avec ses seules forces, dû-t-on succomber sous la coalition des différents groupes réactionnaires.

Une réunion préparatoire eut lieu au foyer du théâtre de la Roche, le 29 au soir, veille du scrutin. Cent dix-neuf délégués, conseillers généraux et conseillers d'arrondissements y assistèrent. Sept à huit électeurs du camp opposé s'étaient glissés parmi eux. Les trois candidats libéraux étaient présents. M. Beaussire prit, à diverses reprises, la parole ; d'abord, pour développer quelques paragraphes de leur profession de foi collective ; ensuite, pour répondre à des interpellations de M. Alfred Giraud, interpellations de nature à faire supposer qu'elles avaient moins pour but d'ébranler le crédit de M. Beaussire et de ses deux collè-

---

d'une correspondance intime, elle exprime très bien nos propres sentiments.

« Je fais cent fois plus de cas du royaliste le plus entêté de son droit divin, que de tous nos *juste-milieu* ensemble. Cette *momie vivante* a une foi, des principes, le respect de son drapeau ; tandis que les autres...... S'il m'était démontré que mon idéal fut une chimère, je me ferais royaliste pour croire au moins à quelque chose. — Mais, non, mon cher Louis, je ne serai jamais réduit à cette désolante extrémité ; la République, plus que la royauté bourbonienne, est de droit divin, puisqu'elle est, en fait de gouvernement, la vérité absolue, le droit, la justice. »

Lettre de Godefroy Cavaignac, du 30 juillet 1833.

gues auprès de l'auditoire, que de formuler avec éclat une sorte de réclame suprême, à l'adresse du clergé, en faveur de leur auteur, tombé dans une disgrâce, pour lui inexpliquée, et qu'il ne pouvait se résigner à subir.

L'effet de cette réunion fut excellent, à plus d'un point de vue. Elle permit à des citoyens, venus de tous les points de la Vendée, de se connaître autrement que de nom, de s'apprécier mutuellement, et d'échanger ensemble l'expression de leurs espérances. Mais elle fit prévoir le vote du lendemain. Aucun des indécis n'était venu se joindre aux républicains. L'exhibition, à nouveaux frais, du spectre rouge et de Bismark, avec tous leurs accompagnements obligés, les maintint à distance; tandis que, par une mise en scène habilement combinée, le clergé se préparait sans bruit à agir, le lendemain, sur la conscience et l'imagination des délégués campagnards du grand-marais et du bocage (1).

XI

Le 30 janvier, à huit heures du matin, commencèrent, dans la salle de la cour d'assises, au tribunal du chef-lieu de la Vendée, les opérations préliminaires de l'élection des sénateurs. Le bureau fut composé de la manière suivante :

Président. — M. Parenteau du Beugnon, président du tribunal civil de la Roche-sur-Yon.

(1) Le jour des élections, M. Lecoq, évêque de Luçon, est venu à la Roche présider la cérémonie de clôture d'une mission, prêchée par des jésuites.

Assesseurs. — MM. Henri Morisson de la Bassetière, membre du conseil général pour le canton de la Mothe ;

Théophile Coquillaud-Salis, délégué et maire de Thouarsais-Bouildroux ;

Isidore Bazireau, délégué de Saint-Maurice-le-Girard ;

Gilbert Gorin de Ponsay, délégué de Saint-Mars-des-Prés.

Secrétaire. — M. Félix Nœau, membre du conseil général pour le canton de Rocheservière.

Les *scrutateurs* furent :

1re SECTION.

MM. Augustin Rouillé, vice-président du tribunal civil de la Roche-sur-Yon, *président ;*

Bonabes de Rougé, délégué et maire des Essarts ;

Dr Achille Gauly, délégué de Sainte-Hermine ;

Louis de la Roche Saint-André, membre du conseil d'arrondissement pour le canton de Palluau ;

Louis Arnaud, délégué de Montsireigne.

2e SECTION.

MM. Eugène Bourmaud, membre du conseil général pour le canton des Moutiers, *président ;*

Paul de Bessay, délégué et maire de Grosbreuil ;

Dr Louis-Henri Bonenfant, délégué de Saint-Prouant ;

Gustave Chevallereau, membre du conseil général pour le canton de Sainte-Hermine ;

Louis Godet de la Riboullerie, député.

3ᵉ SECTION.

MM. Henri Lévesque de Puyberneau, député, *président ;*
Baptiste Vinet, membre du conseil d'arrondissement pour la canton des Moutiers ;
Hippolyte Texier, conseiller d'arrondissement pour le canton de la Châtaigneraie ;
Emile Morin, délégué de Saint-Gilles ;
Hippolyte Dupleix, conseiller d'arrondissement pour le canton de Beauvoir.

Les présidents des scrutateurs, divisés en trois sections, appartenaient à trois partis différents : M. Rouillé était bonapartiste, M. Bourmaud, républicain, M. de Puyberneau, légitimiste. Leurs collègues avaient été choisis avec le même esprit d'impartialité.

Le bureau formé, le scrutin commença et fut clos à midi.

Trois cent soixante et un électeurs y avaient pris part. Un conseiller d'arrondissement et un délégué, l'un républicain, l'autre réactionnaire, étant malades, ne s'étaient pas rendus à la Roche. — La majorité absolue était donc de *cent quatre-vingt-un.*

A deux heures moins un quart, le résultat fut proclamé :

MM. François Gaudineau	211 voix	*(élu),*
A. de Cornulier	198 —	*(élu),*
Vandier	196 —	*(élu),*
E. Beaussire	146 —	
H. Périer	136 —	
E. Richer	133 —	
Pugliesi-Conti	19 —	
Alfred Leroux	11 —	
Léon Gillaizeau	2 —	
Voix perdues	4 —	

M. Gaudineau a dû à de vieilles relations de camaraderie, et à de nombreux services rendus à ses concitoyens les voix qu'il a eues de plus que ses collègues. Elles lui ont été données, en grande partie, par des républicains des alentours de Luçon. L'écart entre lui et M. de Cornulier est, précisément, le même que celui qui sépare M. Beaussire de M. Richer, le candidat le moins connu des habitants de cette partie de l'arrondissement de Fontenay. De part et d'autre, il est de 13.

Les cinquante-cinq indécis, convenablement endoctrinés, ont, sans exception, voté pour la liste conservatrice.

XII

A la proclamation de ce résultat, inespéré des uns, à demi-prévu par d'autres depuis la veille au soir, la joie des réactionnaires de toute couleur éclata en bruyants transports. Emissaires et dépêches furent envoyés dans toutes les directions pour l'annoncer, tandis que le découragement gagnait beaucoup de libéraux. Seuls, certains esprits, plus difficile à ébranler, ne se sentirent pas atteints par cet échec, qu'ils estimaient ne pouvoir être que partiel. Quelques hommes, d'opinions plus avancées que l'ensemble de leurs amis, n'attachaient même pas grande importance à l'élection de MM. Gaudineau et Vandier, convaincus qu'ils étaient que, si la République avait le dessus, ces deux honorables élus ne lui feraient pas obstacle. Se transportant par la pensée au sein du Sénat, non encore constitué, trois voix, données à une minorité rétrograde, leur semblaient moins défavorables à l'avancement du progrès social, que trois voix ajoutées à une majorité centre gauche.

On était sous l'empire de ces émotions en sens inverses, lorsque arriva, vers trois heures, une dépêche d'Epinal, où la défaite de M. Buffet, au premier tour de scrutin, était annoncée. Cette nouvelle rendit immédiatement l'espérance aux découragés, et assombrit les fronts superbes. Ce fut comme un avant-coureur des coups répétés que le télégraphe allait frapper sur l'orgueil des triomphateurs de l'heure précédente. La soirée n'était pas écoulée, que la certitude d'une majorité républicaine dans le Sénat ne faisait plus de doute pour personne. — La lourde machine, si laborieusement construite, s'était brisée, au premier fonctionnement, entre les mains de ses inventeurs. Paris, qu'ils s'étaient proposé d'effacer, avait, sans autre effort, repris son rang de capitale, en nommant Victor Hugo son délégué, et tous les départements, où l'on sait lire, s'étaient empressé de répondre, en élisant des démocrates, à l'appel adressé par le grand poète aux délégués des communes de France.

XIII.

Rentré, le lendemain, dans son manoir, plus d'un légitimiste, se disant pur, a dû commencer à se repentir à loisir de ce qu'il a fait à la hâte. La République vaincue par le vote sénatorial, il se consolerait peut-être d'avoir utilement renié ses principes; victorieuse, il ne se pardonnera de sitôt son abdication politique et morale. Combien il est dur, en effet, pour un parti d'avoir été quelqu'un et de n'être plus même quelque chose. Si nos prétendus fidèles de la royauté de droit divin eussent eu le sentiment vrai de leur dignité, on les eut vus marcher, drapeau déployé, à l'urne électorale et survivre à leur défaite. Ils ont préféré s'enrôler, à la file les uns des autres, dans la clientelle des partisans de l'équivoque. — Ce n'est pas aux républicains à s'en plaindre.

Que les orléanistes et les cléricaux aient tenu cette conduite, rien de mieux ; ceux-là étaient dans leur rôle.

Les bonapartistes, eux, n'ont pas craint de mettre au chapeau leur cocarde. L'effet produit par cette grande démonstration du parti devait être foudroyant....... tout compte fait, *ils étaient dix-neuf!* — Ecrasement fut-ils jamais plus complet?

XIV

En somme, trois choses essentielles ressortent des élections qui viennent d'avoir lieu :

1° Qu'il n'y a plus, à peu près, ni bonapartistes, ni légitimistes de conviction en Vendée;

2° Que la réaction ne peut l'emporter à l'avenir, dans ce département, que grâce à l'intime alliance des diverses fractions monarchistes avec les cléricaux ;

3° Que le parti républicain l'emporte déjà de beaucoup, comme nombre, sur tous les autres, pris isolément, et ne craint pas de leur tenir tête, réunis ensemble, certain qu'il est d'avoir l'avenir pour lui.

Tout vient à point à qui sait attendre.

XV

Le résultat général des élections, publié en même temps que le résultat partiel du scrutin de la Roche, neutralisa en partie l'effet qu'on attendait de celui-ci sur l'imagination impressionnable de nos paysans illettrés. Mais, pour la réaction, son plan de conduite était tout tracé ; il ne s'agissait plus que de continuer la lutte, sur le même pied, dans la seconde campagne électorale qui allait s'ouvrir, pour nommer six nouveaux députés, le 20 février prochain. Les entremetteurs de la coalition ont agi immédiatement en conséquence, et le pacte a été maintenu. Seulement, les légitimistes, sortis tout meurtris du dernier combat, ont exigé qu'on verse quelque baume sur les larges blessures faites à leur amour-propre. Le parti blanc, contraint d'abdiquer son individualité sur le terrain du Sénat, tient à reprendre sa revanche sur celui du Corps législatif. Il lui semble, en vérité, qu'il pourra refaire ainsi sa virginité perdue. — Tout nom dépourvu d'apparences nobiliaires a été, au premier moment d'infatuation, sacrifié sans vergogne. Foin des roturiers ! MM. Alfred Giraud et Bourgeois sont jetés par dessus bord ; mais on ouvre ses rangs à M. Defontaine. Le canton seul de Luçon, où M. Louis Godet lutte contre MM. Beaussire et Pugliesi, n'a pu être soumis à l'aristocratique estampille.

Première déception quand on est en si beau chemin : quelques jours plus tard, on se trouve forcé de réintégrer M. Bourgeois à la place convoitée, dès le 1er février, par nous ne savons plus quel gentilhomme titré. Il est vrai que l'apparition de la candidature de M. Dugast-Matifeux, vétéran de la démocratie, dans la circonscription, nous dirions presque le district de Montaigu, a fait départir le comité directeur de ses prétentions outrecuidantes, sauf à les maintenir ailleurs.

Reste à savoir à qui profitera l'épuration à la D'Hozier, complotée dans quelque cénacle de douairières : au parti démocratique sans nul doute ? Car M. Alfred Giraud s'est montré, à l'occasion, un adversaire plus dangereux à lui seul que ses six collègues ensemble. On l'a vu, à deux reprises différentes, porter, avec une certaine vigueur, la bannière des ruraux, dans leurs expéditions furibondes contre Paris, stupéfait de tant d'audace.

Son exclusion était du reste depuis longtemps décidée. — « *Ah ! si la noblesse eut soupçonné sa force,* disait un légitimiste à l'auteur de cet écrit, le lendemain des élections de février 71, *Ah ! si la noblesse eut soupçonné sa force, il n'y aurait que des gentilshommes dans la députation vendéenne.* » Preuve évidente, s'il en fut, que ce qui se passe aujourd'hui n'est que la réalisation d'une pensée secrète, depuis longtemps caressée.

Pour peu que ces vœux se réalisent, la Vendée aura certes une députation presque correcte au point de vue de l'*Armorial de la noblesse*, mais sans grand danger pour la République, et l'abdication du parti légitimiste n'en sera que plus manifeste. Il ne lui manquait plus que d'élever les questions de blason au rang de questions d'État.

Quant à M. Giraud, il devra se consoler bien vite de l'ingratitude de ses amis de la veille, ayant assez de valeur personnelle pour continuer à faire figure, même après sa chute. — Son exemple profitera, on n'en saurait douter, à tout imprudent roturier, qui se risque dans le camp légitimiste, sans être muni, au préalable, d'un nom pouvant prêter, faute de mieux, à l'équivoque nobiliaire.

XVI

Les choses ainsi réglées chez les monarchistes, les candidats du drapeau tricolore et ceux du drapeau blanc sont, dans le moment actuel :

ARRONDISSEMENT DE LA ROCHE-SUR-YON.

1re CIRCONSCRIPTION.

Républicain centre gauche. — Jenty, directeur de la compagnie du chemin de fer de la Vendée ;

Légitimiste. — H. Lévesque de Puyberneau, député sortant.

2e CIRCONSCRIPTION.

Républicain. — Charles Dugast-Matifeux, homme de lettres (1) ;

Monarchiste clérical. — Paul Bourgeois, député sortant (2).

ARRONDISSEMENT DE FONTENAY.

1re CIRCONSCRIPTION.

Républicain centre gauche. — Léon Bienvenu, membre du conseil général,

Légitimiste. — Eugène Defontaine, député sortant.

---

(1) M. Dugast-Matifeux n'a posé sa candidature qu'après les désistements successifs de MM. Jules Brethé et Demangeat ; c'est-à-dire trop tard pour arriver en temps utile.

(2) Il avait été primitivement question, paraît-il, de substituer à M. le Dr Bourgeois, M. de Chabot (de Mouchamp), ou M. Jousbert du Landreau (des Herbiers),

2ᵉ CIRCONSCRIPTION.

Républicain centre gauche. — Emile Beaussire, député sortant ;

Orléaniste. — Louis Godet de la Riboullerie, député sortant ;

Bonapartiste. — A. Pugliesi-Conti, ancien préfet de l'Empire.

ARRONDISSEMENT DES SABLES.

1ʳᵉ CIRCONSCRIPTION.

Républicain centre gauche. — H. Fruneau, avocat à Nantes, ancien sous-préfet de la Défense nationale aux Sables ;

Légitimiste clérical. — Ed. Morisson de la Bassetière, député sortant.

2ᵉ CIRCONSCRIPTION.

Républicain centre gauche. — Richer, membre du conseil général ;

Légitimiste clérical. — L. A. C. Baudry d'Asson, membre du conseil général (1).

Un seul candidat bonapartiste figure, sur cette liste, dans la circonscription de Luçon, où réside M. Alfred Leroux, l'homme important du parti en Vendée. Ce candidat espère qu'on lui tiendra compte du concours qu'il a prêté dernièrement aux monarchistes.

(1) On a parlé d'abord, dans cette circonscription, de M. de la Tour-du-Pin (gendre de M. Barbier, député royaliste de Nantes sous la Restauration), et de M. Stephane Algan, l'un et l'autre membres du conseil général. Un mérite réel les recommandait, tous les deux, aux suffrages des légitimistes ; mais le clergé du grand marais leur a préféré M. Baudry d'Asson, comme plus apte à représenter ses vraies tendances, à la nouvelle Chambre des députés.

On ne peut prévoir, que très imparfaitement, le résultat final de cette nouvelle lutte électorale. La division du département en six circonscriptions déroute tout calcul rigoureux, fait à l'avance. On aurait spécialement tort de se baser sur le nombre des voix, données dans chaque canton, en juillet 1871, au candidat libéral et au candidat légitimiste, lors de l'élection de M. Emile Beaussire. Celui-ci se présentait comme un défenseur des principes de 89 ; mais aussi comme une victime de la Commune, le lendemain de l'entrée des Versaillais à Paris. Il ralliait, par cela même, autour de lui la bourgeoisie entière, qu'humiliait l'arrogance des prétentions royalistes. Bien que son concurrent, M. de la Boutetière, eut une valeur incontestable ; bien qu'il se fut bravement conduit à la tête de l'un de nos bataillons, appelés à concourir à la défence de la capitale, ses préférences pour les Bourbons de la branche aînée l'empêchaient d'être élu.

Nous n'en sommes plus à ce point. Les antagonistes de la veille sont les alliés du jour, et le parti républicain, malgré les nombreuses adhésions qui lui arrivent à chaque instant, trouve maintenant devant lui, pour lui faire obstacle, beaucoup d'anciens partisans de M. Beaussire, qui a lui-même perdu, depuis, de son crédit auprès de la bourgeoisie, parce que la pratique des affaires publiques et la connaissance plus approfondie des véritables intérêts du pays lui ont fait faire un pas en avant, tandis qu'elle en a fait deux en arrière.

Si, contrairement à nos espérances, la réaction l'emporte dans la majorité de nos circonscriptions électorales, nous serons attristé de constater, une foi de plus, que notre département reste en arrière du mouvement progressif qui entraîne les autres ; mais, comme l'idée républicaine sera victorieuse dans la plus grande partie de la France, ses adeptes vendéens attendront d'autant plus patiemment la conversion de leurs compatriotes, que l'attention générale sera concentrée sur les débats qui s'ouvriront, le 8 mars, dans les deux chambres.

XVII

Ce qui prend place définitive dans le domaine des institutions d'un peuple, même par les moyens révolutionnaires, — procédé qu'il faut éviter, à tout prix, d'employer aujourd'hui ; — ce qui prend place dans les institutions d'un peuple est toujours entré, à l'avance, chez lui, dans le courant des idées reçues. Toute idée, simple ou complexe, avant d'être résolue dans le sens pratique, est soumise à cette sanction préparatoire. Vouloir agir autrement n'aboutit qu'à de cruels mécomptes. Aussi la suprême sagesse des novateurs est-elle de ne rien livrer au hasard, et de s'assurer l'approbation publique, avant de voter la loi la plus juste, la plus nécessaire.

La majorité républicaine, acquise dans les nouvelles assemblées, suivra indubitablement ce plan de conduite. Après avoir envisagé l'ensemble des questions à résoudre qui se poseront devant elle, elle n'aura pas de peine à reconnaître, au premier coup d'œil, celles dont il faut immédiatement s'occuper. Tandis que, soigneuse de nos intérêts matériels et jalouse de conserver l'honneur national intact, elle aidera, par sa modération et sa fermeté, le pouvoir exécutif à maintenir la paix intérieure et extérieure, elle s'occupera activement d'accroître la richesse du pays, et de développer son éducation, sa moralité, son instruction, qui élèveront le niveau de son intelligence et de son cœur. D'une autre part, elle s'appliquera à préserver la société civile des empiétements de ses ennemis du dedans et du dehors.

Le premier soin de cette majorité sera, on n'en peut douter, de décréter une amnistie générale, qui ne s'arrêtera qu'aux crimes et délits de droit commun (1), et de lever l'état de siége dans les départements où il subsiste encore. Ces deux grands actes d'appaisement accomplis, il lui restera à se préoccuper, sans désemparer, des questions assez mûres pour être résolues. S'il nous était permis de formuler, après tant d'autres, un programme, nous inscririons sur celui des deux Chambres :

Abolition de la peine de mort;

Restitution à la presse de sa liberté; attribution au jury de la répression des crimes et délits qu'elle pourra commettre ;

Nomination des municipalités par les conseils des communes ;

Instruction primaire gratuite et obligatoire; laïque quand elle sera donnée par l'État, le département ou la commune ; instruction secondaire laïque, mise à la portée du plus grand

---

(1) Avant de se séparer, l'Assemblée nationale constituante, s'inspirant du vrai sentiment chrétien, dont elle était imbue, voulut laisser un testament de miséricorde; elle prononça l'abolition de toutes les poursuites qui concernaient les délits politiques. Plus tard la Convention, si terrible aux contre-révolutionnaires, finit de même par un décret d'amnistie générale. Il n'y eut d'excepté que les insurgés du 13 vendémiaire, encore un seul d'entre eux fut-il exécuté.

L'Assemblée royaliste et cléricale de 1871 s'étant gardée de suivre ces nobles exemples, c'est à ses successeurs à se montrer plus humains qu'elle.

nombre possible ; principe de la libre concurrence par l'initiative privée maintenu dans les lois qui régissent ces matières, mais collation des grades attribuée aux délégués de l'Etat ;

Instruction religieuse, qui est affaire domestique, réservée aux familles et aux ministres des différents cultes ;

Développement de l'enseignement professionnel, et de celui des arts du dessin appliqués à l'industrie, afin de faire pénétrer le sentiment du beau, d'abord dans nos fabriques ; ensuite, dans les populations, par l'emploi journalier de leurs produits ;

Traitement de ceux qui se livrent à l'instruction publique : primaire, secondaire, professionnelle ou supérieure, proportionné à l'importance du service capital qu'ils rendent à la société ; leur indépendance relative assurée, en ne les faisant relever que de leurs chefs hiérarchiques ;

Suppression, dans la loi militaire, de tout privilége en faveur de la fortune, apparent ou déguisé ;

Association du capital et du travail facilitée par le soin qu'on prendra de tenir une juste balance entre les deux intéressés, qui pourront discuter, en toute liberté, les termes des contrats à intervenir ;

Révision des Codes, afin de les mettre plus en rapport avec l'état actuel des idées libérales. L'action de la justice rendue plus prompte, en élargissant la compétence des juges de paix ; sa gratuité entière décrétée. Dans cette révision, on devra incliner, selon nous, moins vers la répression que vers la miséricorde, qui atténue les haines au lieu de les aigrir, et ouvre aux bons sentiments les âmes les plus dégradées. La bonté entrera ainsi dans nos lois, dont elle est restée, jusqu'ici, presque toujours absente, et l'on pourra inscrire, sans que ce soit lettre morte, les trois mots : *Liberté, égalité, fraternité*, sur le fronton du temple de la Justice.

Mesures de prévoyance à prendre pour éteindre, dans son germe, la mendicité, qu'on ne peut, sans inhumanité, supprimer tout d'un coup ;

Réforme totale de notre système pénitentiaire, défectueux par tant de côtés ; suppression de l'emprisonnement cellulaire, l'une des inventions les plus barbares qui soient sorties du cerveau de nos tourmenteurs modernes, déguisés en philanthropes.

Loi claire et précise sur les biens communaux, qui mette fin, trop tard assurément, à des revendications déplorables, autorisées par une jurisprudence plus déplorable encore ;

Libre gestion de leurs affaires intérieures accordée aux sociétés de secours mutuels et autres associations fraternelles ;

Comme moyen financier, qui permette de réaliser ces premières améliorations, et qui procure, à bref délai, des sommes considérables à la caisse de l'État, les chambres voteraient la refonte immédiate et intégrale du cadastre, et une augmentation de droits d'enregistrement sur les successions en ligne collatérale.

Les produits de cette grande opération assurés, nous pensons qu'il serait indispensable de mettre à l'étud une nouvelle assiette de l'impôt, qu'on rendrait moins lourde à tous ceux, ouvriers, laboureurs, petits commerçants, industriels ou débitants, auxquels le travail quotidien n'apporte qu'un revenu précaire ou minime. Il y aurait urgence de supprimer, en même temps tous les emplois superflus ou inutiles dans le personnel de la justice, des administrations civiles et de l'armée.

Il faudrait chercher ensuite un mode de décentralisation administrative, qui n'ait pas l'inconvénient de créer des états dans l'État, ni une sorte de fédéralisme, contraire aux nécessités politiques de notre temps ; mais qui permette au département de vivre de sa vie propre, d'autant plus active et productive, qu'elle ne serait plus comprimée par des agents ministériels de passage, moins désireux, trop souvent, de se rendre utiles aux populations confiées à leur garde, que de complaire à leur chef du moment. Le fonctionnement de ce mode de décentralisation aurait pour conséquence rationnelle de donner aux communes ces libertés municipales, depuis si longtemps demandées.

Nous plaçant, au point de vue régional, nous inscrirons, au même ordre du jour, les questions suivantes, qui intéressent aussi bien d'autres parties de la République que la Vendée ;

Favoriser l'établissement de nouvelles voies ferrées, toutes les fois que les projets seront sérieux ;

Faire procéder, d'une manière méthodique et régulière, par le département et l'État, à l'empoissonnement des côtes et des cours d'eau, pour créer une source de richesses non exploitées ;

Encourager, si cela se peut, la création, par l'initiative privée, d'industries nouvelles, dont les éléments abondent en Vendée, telles que celles du lin, des laines, de la poterie, de la porcelaine, des ocres, du fer, etc., etc.;

Provoquer la fusion, en une société unique par bassin de fleuve ou rivière, de cette foule de petites sociétés de marais, dépourvues de revenus suffisants pour exécuter des travaux utiles, et qui se portent réciproquement préjudice par leurs inintelligentes rivalités.

Ce programme paraîtra sans doute incomplet à certains

de nos amis, mais ils ne doivent pas perdre de vue que nous nous sommes renfermé dans les limites du présent et n'avons pas empiété sur la mission des assemblées futures. Nous avons soigneusement écarté tout ce qui pourrait être un sujet de discorde entre les citoyens, laissant à l'avenir le soin d'accomplir sa tâche. Si nous ne nous inquiétons pas autrement des innocentes passes d'armes, auxquelles une poignée d'étourdis, déguisés en paladins du moyen-âge, prennent part dans l'arrière-cour de la citadelle de nos libertés, nous tenons grand compte de l'état des esprits, même au fond de nos campagnes, et ne voulons pas imposer par la violence un progrès, qui sera, ainsi que nous l'avons déjà dit plus haut, l'effet naturel du temps. — Lorsqu'on a traversé, comme beaucoup de républicains de la veille, la longue orgie, qu'on nomme second empire, et les cinq années d'angoisses qui viennent de s'écouler, sans avoir douté, un seul instant, qu'elles ne mettraient pas obstacle à la marche des idées, on sait se résigner à bien d'autres preuves de patience.

Parlerons-nous, en terminant, des questions sociales, quand on voit la persistance que met la génération actuelle à détourner les regards de ces terribles problèmes ; comme s'il lui suffisait de faire le silence autour d'eux, pour les ajourner jusqu'à sa disparition de la scène humaine ? — Aucun autre genre d'égoïsme ne pourrait être plus fatal aux générations suivantes. Devant les partis politiques, se dresse un ennemi commun, qui les englobe tous dans ses ressentiments farouches, et qui prend en pitié leurs discordes puériles. Depuis des années, un orage épouvantable s'amoncelle à l'horizon ; des coups de tonnerre, assez retentissants pour être entendus du monde entier, l'ont averti de son existence : seuls, les hommes les plus intéressés à le conjurer continuent à se boucher les oreilles !

Vouloir refouler les aspirations des deshérités de notre ordre social devient journellement impossible. Le prolétariat moderne est un monstre ayant de plus en plus conscience de sa force, et qu'on peut apprivoiser, mais non museler désormais. Par l'instruction, par l'éducation, par des lois prévoyantes et empreintes d'un sentiment de fraternité, on le fera entrer dans les voies normales, destinées à le conduire, sans chocs violents et sans secousse, à la place qui lui revient au soleil. Si les classes riches, au lieu de s'entredéchirer et de s'affaiblir les unes par les autres, comprenaient leur véritable rôle, si elles avaient la notion la plus vulgaire de leurs intérêts bien entendus, elles apporteraient la même ardeur à provoquer cette transformation salutaire, que celle mise, aujourd'hui, par elles à fortifier la palissade derrière laquelle la misère, pour un moment, disparaît à leurs yeux. — Le pain quotidien assuré au pauvre par la garantie du travail, son intelligence élargie par l'instruction et l'éducation, son cœur amoli par la certitude de ne plus être un objet de répulsion et de crainte, mais de sympathie, « on verrait s'allonger les vestes sans avoir nul besoin de raccourcir les habits. »

La révolution sociale, que toutes les classes de citoyens ont tant lieu de redouter, se trouverait ainsi conjurée, et ne serait qu'une simple évolution.

Que le Sénat et la Chambre des députés, élus en janvier et février 1876, contribuent à avancer l'heure de cette réconciliation entre frères, et la place qu'ils occuperont, tous les deux, dans la reconnaissance des peuples et dans l'histoire sera glorieuse entre toutes.

LISTE DES ÉLECTEURS SÉNATORIAUX

I

DÉPUTÉS.

Emile Beaussire, ancien professeur de Faculté;
Paul Bourgeois, médecin à la Verrie;
Eugène Defontaine, propriétaire à Foussais;
Alfred Giraud, vice-président du tribunal de Blois;
Louis Godet de la Riboullerie, propriétaire à l'Hermenault;
Henri Lévesque de Puyberneau, propriétaire à Fougeré;
Edouard Morisson de la Bassetière, propriétaire à Saint-Julien-des-Landes;
Paul Vandier, ancien officier de marine.

II

MEMBRES DU CONSEIL GÉNÉRAL.

Arrondissement de la Roche-sur-Yon.

MM.

Armand Batiot, propriétaire aux Essarts, (*canton des Essarts*);
Paul Bourgeois, médecin à la Verrie, (*canton de Mortagne*), *a voté comme député;*
Aristide Daniel-Lacombe, propriétaire à Bournezeau, (*canton de Chantonnay*);

Auguste de Cornulier, maire de Saint-Hilaire de Loulay, *(canton de Montaigu)*;

Jousbert du Landreau, maire des Herbiers, *(canton des Herbiers)*;

Charles Leroux, maire de Chauché, *(canton de St-Fulgent)*;

Ossian Morin d'Yvonnière, maire du Poiré-sur-Vie, *(canton du Poiré)*;

Félix Nœau, notaire à Rochecervière, *(canton de Rochecervière)*;

Hippolyte Périer, maire de la Roche-sur-Yon, *(canton de la Roche-sur-Yon)*;

Auguste Sabouraud, ingénieur-civil, propriétaire à Bessay, *(canton de Mareuil)*.

Arrondissement de Fontenay.

MM.

Achille Auger, ancien notaire à Champagné, *(canton de Chaillé-les-Marais)*;

Léon Bienvenu, maire de Saint-Hilaire-des-Loges, *(canton de Saint-Hilaire-des-Loges)*;

Jules Bontemps, ancien notaire à Vix, *(canton de Maillezais)*;

Benjamin Brillaud, propriétaire à la Chatâigneraie, *(canton de la Châtaigneraie)*;

Gustave Chevallereau, propriétaire à Sainte-Pexine, *(canton de Sainte-Hermine)*;

François Gaudineau, maire de Luçon, président du conseil général, *(canton de Luçon)*;

Louis Godet de la Riboullerie, propriétaire à l'Hermenault, *(canton de l'Hermenault) a voté comme député;*

Stanislas Majou de la Débuterie, propriétaire à Saint-Michel-Mont-Mercure, (*canton de Pouzauges*) ;

Amédée Vollant, propriétaire à Longève, (*canton de Fontenay*).

Arrondissement des Sables.

MM.

Léon-Armand-Charles Baudry d'Asson, propriétaire à la Garnache, (*canton de Challans*);

Eugène Bourmaud, notaire aux Moutiers-les-Mauxfaits, (*canton des Moutiers*) ;

Léon Gillaizeau, médecin à Avrillé, (*canton de Talmond*);

Stephane Halgan, propriétaire à Nantes, (*canton de Palluau*) ;

Alphonse Janet de la Baudùère, maire d'Olonne, (*canton des Sables*);

Henri Morisson de la Bassetière, maire de Saint-Julien-des-Landes, (*canton de la Mothe-Achard*);

Edouard Morisson de la Bassetière, (*canton de Saint-Gilles*), *a voté comme député;*

Charles Mourain de Sourdeval, ancien juge à Tours, propriétaire à Saint-Gervais, (*canton de Saint-Jean-de-Monts*) ;

Edouard Richer, maire de Noirmoutier, (*canton de Noirmoutier*);

Gabriel de la Tour-du-Pin, propriétaire à Nantes (*canton de Beauvoir*);

Paul Vandier, ancien officier de marine, (*canton de l'Ile-Dieu*), *a voté comme député.*

III

MEMBRES DES CONSEILS D'ARRONDISSEMENT.

Arrondissement de la Roche-sur-Yon.

MM.

Gaston Boutillier des Hommelles, propriétaire à Mortagne, *(canton de Mortagne)*;

Louis Guyet, propriétaire aux Essarts, *(canton des Essarts)*, absent ;

Eugène-Henri-Joseph Jaillard de la Maronnière, propriétaire à Aizenay, *(canton du Poiré-sur-Vie)*;

Paul Marchegay, archiviste-paléographe à Saint-Germain-de-Prinçay, *(canton de Chantonnay)*;

Léopold Meunier, propriétaire à Thorigny. *(canton de la Roche-sur-Yon)* ;

Henri Moreau, médecin aux Herbiers, *(canton des Herbiers)*;

Léon Pequin, filateur à Cugand, *(canton de Montaigu)*;

Armand Querquy de la Pouzaire, propriétaire à Chauché, *(canton de Saint-Fulgent)*;

Amand Rouzeau-Girardière, maire de Mareuil, *(canton de Mareuil)*.

Arrondissement de Fontenay.

MM..

Isidore Bailly, maire de Thiré, *(canton de Sainte-Hermine)*;

Léandre Carteau, notaire, *(canton de Saint-Hilaire-des-Loges)*;

Raoul Godet de la Riboullerie, propriétaire à l'Hermenault, (*canton de l'Hermenault*);

Pierre Hurtaud, propriétaire à Grues, (*canton de Luçon*);

Narcisse-Léopold-Hortensius Poissonnet, notaire à Champagné, (*canton de Chaillé-les-Marais*);

Jules Rousse, médecin à Fontenay, (*canton de Fontenay*);

Charles Souchet, propriétaire à Maillezais, (*canton de Maillezais*);

Hippolyte Texier, ancien notaire à Saint-Pierre-du-Chemin, (*canton de la Châtaigneraie*);

Charles-Raoul Vexiau, (*canton de Pouzauges*).

Arrondissement des Sables.

MM.

Olivier Boux de Casson, propriétaire à Saint-Christophe-du-Ligneron, (*canton de Challans*);

Henri Chappot, notaire, (*canton de Saint-Jean-de-Monts*);

Hippolyte Dupleix, propriétaire, (*canton de Beauvoir*);

Joseph Gaudin, propriétaire, (*canton de Saint-Gilles*);

Louis-Auguste Guistreau, greffier de la justice de paix, (*canton de l'Ile-Dieu*);

Benjamin Meunier, propriétaire au Château-d'Olonne, (*canton des Sables*);

Casimir Pineau, propriétaire, (*canton de Noirmoutier*);

Edmond de la Roche-Saint-André, propriétaire, (*canton de la Mothe-Achard*);

Louis-Marie-Joseph de la Roche-Saint-André, propriétaire, (*canton de Palluau*);

Baptiste Vinet, propriétaire à Angles, (*canton des Moutiers-les-Mauxfaits*).

IV

DÉLÉGUÉS ET SUPPLÉANTS

(Le premier nom est celui du délégué, le second celui du suppléant).

ARRONDISSEMENT DE LA ROCHE-SUR-YON.

CANTON DE LA ROCHE-SUR-YON.

La Roche-sur-Yon. — Moreau (Eugène). — Borion.
Saint-André-d'Ornay. — Merland (Hippolyte). — Guitton (Camille).
Aubigny. — De Saint Meleuc. — Raynaud (Émile).
Le Bourg-sous-la-Roche. — Rambaud (François). — Durand (Alexis).
Chaillé-les-Ormeaux. — Arrivé (Honoré). — Bocquier (Auguste).
La Chaize-le-Vicomte. — Péau (Constant). — Cacault.
Les Clouzeaux. — Rambaud (Pierre). — Barreau (François).
Saint-Florent-des-Bois. — Maynard de la Claye, fils. — De Béjarry.
Fougeré. — Chariau. — Landais.
La Limousinière. — Dézamy (Ferdinand). — Perrin (Louis).
Mouilleron-le-Captif. — Sorin (Henri). — Arnaud (Jean).
Nesmy. — Gorin de Ponsay (Arthur). — Giraudeau (Ferd.).
Le Tablier. — Gendronneau (Auguste). — Periot (Pierre).

Thorigny. — Coumaillaud (Louis). — Blaineau (Constant).
Venansault. — Rorthais de Montbail.— Gautreau (Eugène).

CANTON DE CHANTONNAY.

Chantonnay. — Maignen (Ernest). — Robin (Alexis).
Bournezeau. — Genet. — Renou.
Saint-Germain-le-Prinçay. — Batiot (Victor). — Guilbaud (Athanase).
Saint-Hilaire-le-Vouhis. — Jarousseau (Marcel). — Savarit (Perpétue).
Saint-Mars-des-Prés. — Gorin de Ponsay (Gilbert). — Naulleau (Pierre).
Saint-Philbert-du-Pont-Charrault. — Rouzeau (François). — Louvart de Ponlevoye (Léonce).
Saint-Prouant. — Bonnenfant (Louis). Guilbaud (Louis).
Puybelliard. — Paris (Henri). — Bridonneau (Marie).
Rochetrejoux. — Majou de la Débuterie. — Guilbaud-Joussière.
Sigournais. — Chaigneau (Jean). — Blanpain.
Saint-Vincent-Puymanfray. — De Béjarry, père. — De Béjarry, fils.
Saint-Vincent-Sterlange. — Defontaine (Gabriel). — Herpin (Frédéric).

CANTON DES ESSARTS.

Les Essarts. — De Rougé. — Lelong (Antoine).
Boulogne. — De Cornulier (Arthur). — Payreaudeau (Jean).
Sainte-Cécile. — Durand. — Bossu (Constant).
Dompierre. — Rautureau (Joseph). — Gaudreau, (Félix).
La Ferrière. — Brancard (Jacques). — Debien.

Sainte-Florence. — L'abbé Branchereau, curé. — Ch. Fonteneau (Pierre).
Saint-Martin-des-Noyers. — Gilbert (Jean-Venant). — Cacaud (Emmanuel).
La Merlatière. — Hermouet (Pierre). — Guilbaud (Auguste).

CANTON DE SAINT-FULGENT.

Saint-Fulgent. — Des Nouhes (Alexis). — De Tinguy.
Saint-André-Goule-d'Oie. — Fonteneau (Pierre). — Rochereau (Ferdinand).
Bazoges-en-Paillers. — Denéchau (Ernest). — Majou de la Débuterie (Camille).
Les Brouzils. — Joguet (Zacharie). — Payraudeau (Marie).
Chavagnes-en-Paillers. — Gouraud de la Proustière. — Charuel.
Chauché. — Bâty (Henri). — Bonin (Jean).
La Copechagnière. — Coumailleau (Félix). — Mignet (Xavier).
La Rabatelière. — Guibert (Victor). — Cossain (Pierre).

CANTON DES HERBIERS.

Les Herbiers. — Le Lièvre (Gustave). — Porcheron (Aristide).
Ardelay. — Bregeon (François). — Dremaud (Pierre).
Beaurepaire. — Debureau. — Pinet.
Les Epesses. — Renaudin (Prosper). — Bureau (Placide).
Saint-Mars-la-Réorthe. — Boivineau (François). — Baudry (Constant).
La Barotière. — Richard (Jean). — Cauneau (Clément).

Mouchamps. — Detroye (Onézine). — Flandrois (Jean).
Saint-Paul-en-Pareds. — Ravaud (Pierre). — Merlet (Baptiste).
Le-Petit-Bourg-des-Herbiers. — Jeauzelon (Pierre-Eugène). — Pouset (Joseph).
Vendrenne. — Baudry. — Durand (François).

CANTON DE MAREUIL.

Mareuil. — Chauveau (Désiré). — Guérineau (Arsène).
Bessay. — Guigné. — Careil.
La Bretonnière. — Raud (Cyprien). — Désamy (Honoré).
Château-Guibert. — Rigollage (François). — Seguin (Eugène).
La Claye. — Roy (Jean). — Orieau (Aimé).
Corps. — Guegeais (Jean). — Brillouet (François).
La Couture. — Brechotteau (Jean-Baptiste). — Berthon (Marc).
Dissais. — Brillouet (Alexis). — Gaborieau (Louis).
Les-Moutiers-sur-le-Lay. — Deligné (Eugène). — Gauveret (Edmond).
Péault. — Charrier (Henri). — Guerry (Benjamin).
Sainte-Pexine. — Drouet. — Gluard (Joseph).
Les Pincaux. — Barraud (Joseph). — Taupier (François).
Rosnay. — Guyet (Pierre-Marc). — Guyet (Louis).

CANTON DE MONTAIGU.

Montaigu. — Mercier (Gervais). — Cassard.
La Bernadière. — Levêque (François). — Vinet (Jean).
La Boissière. — Mérand (Jean-Baptiste). — Bossard (Auguste).

Boufféré. — Jousbert du Landreau. — L'Hommeau (Jean).
La Bruffière. — Chaigneau (François). — Girard (Jean).
Cugand. — Blanchard (Charles). — Say (Gustave).
Saint-Georges-de-Montaigu. — Jagueneau, père. — Puot.
La Guyonnière. — Baudry. — Clenet (Jean).
Saint-Hilaire-de-Loulay. — Lefeuvre. — De Villebois.
Treize-Septiers. — Coyaud (Dioméde). — Guicheteau (René).

CANTON DE MORTAGNE.

Mortagne. — Mercier. — Morin (Adolphe).
Saint-Aubin-des-Ormeaux. — Baudry (Justin). — Charraud (Dominique).
Chambretaud. — De Suyrot (Henri). — Savary (Gabriel).
Evrunes. — Durand (Victor). — Poupelin (Augustin).
La Gaubretière. — Dehergue (Paul). — Acher-Dubois.
Saint-Hilaire-de-Mortagne. — De Livonnière (Charles). — Martin (Louis).
Les Landes-Genusson. — Guilbaud (François). — Chopin (François).
Saint-Laurent-sur-Sèvre. — De Sapinaud (Ernest). — Brunet (Léon).
Mallièvre. — Fonteneau (Jean-Baptiste). — Niveau (François).
Saint-Mâlo-du-Bois. — Grolleau (Pierre). — Landreau (Esprit).
Saint-Martin-Lars-en-Tiffauges. — Bellangé (Jean). — Dix-neuf (Armand).
Tiffauges. — Baudry (René). — Girard (Amédée).
Treize-Vents. — Bauffreton (Louis). — Guédon (René).
La Verrie. — Bizière (Claude). — Grolleau (René).

CANTON DE POIRÉ-SUR-VIE.

Le Poiré. — Remaud (Auguste). — Grit (Emile).
Aizenay. — Neveu (Jacques). — Guittet (François).
Beaufou. — Goutard de Launay. — Jacobsen.
Belleville. — Laborde (Jean). — Duplessis (Edouard).
Saint-Denis-la-Chevasse. — Querquy de la Pouzaire. — Amiaud (Alexandre).
La Genétouze. — Genaudeau (Jean). — Arnaud (Auguste).
Les Lucs. — Airiau (Charles). — Bocher (Eugène).
Saligny. — Janet de l'Espinay. — Lunard (Jules).

CANTON DE ROCHECERVIÈRE.

Rochecervière. — De La Grandière. — De Goué.
Saint-André-Treize-Voies. — Brenon (Pierre). — Caillaud (Jean).
L'Herbergement. — Chapelot (Hippolyte). — Bardeau (Armand).
Mormaison. — Huneau (Célestin). — Amiaud (Jean-Baptiste).
Saint-Philbert-de-Bouaine. — Thibaut (Auguste). — Fiellereau (Auguste).
Saint-Sulpice-le-Verdon. — Tessier (Armand). — Monnereau (Henri).

ARRONDISSEMENT DE FONTENAY-LE-COMTE.

CANTON DE FONTENAY-LE-COMTE.

Fontenay. — Audé, d^r-médecin. — Gandriau (Sigisbert).
Auzay. — Gairaud (Marcelin-Hanaël). — Robreau (Jacques).

Chaix. — Robin (Armand). — Simonnet (Louis).
Charzais. — Dieumegard (Pierre). — Cardin (Antoine).
Fontaines. — Chabot (Romain). — Sacré-Dallet (Jean).
Le Langon. — Deverteuil (Constant). — Coulais.
Longèves. — Artarit (Auguste). — Berland (Jean).
L'Orbrie. — Bonenfant (Alexis). — Pouponneau (François).
Saint-Médard-des-Prés. — Bichon (Antoine). — Gallot (Louis).
Montreuil. — Veillet (Jacques). — Bonnet (Louis).
Pissotte. — Rouhaud (Pierre). — Meriot (Joseph).
Le Poiré-sur-Veluire. — Gouin (Achille). — Petit (Gustave).
Veluire. — Goguet (André), — Chassebœuf (Léon).

CANTON DE CHAILLÉ-LES-MARAIS.

Chaillé-les-Marais. — Maingaud (Eugène). — Couzin (Alexandre).
Champagné-les-Marais. — Guyet (Charles). — Auger (Gustave).
Le Gué-de-Veluire. — Carré (Jean-André). — Guyot (Julien).
L'Ile-d'Elle. — Hurtaud (Henri). — Bonnaud (Louis).
Puyravault. — Guinaudeau. — Roy (Ferdinand).
Sainte-Radegonde-des-Noyers. — Ardouin (François). — Beaussire (Denis).
Vouillé-les-Marais. — Denis (Jean). — Hurtaud (Damase).

CANTON DE LA CHATAIGNERAIE.

La Châtaigneraie. — Perreau (Henri). — Triou (Dominique).
Antigny. — Bonnineau (Henri). — Bineau (Benjamin).

Bazoges-en-Pareds. — Perreau (Eugène). — Rouleau (Alfred).
Le Breuil-Baret. — Perrotin (Eugène). — Bireau (Alexis).
Cezais. — Flandrois (Sylas). — Poquin (Jean).
La Chapelle-aux-Lys. — Vaslin (Eugène). — Mesnard (Pascal).
Cheffois. — Majou de la Rousselière (Alphonse). — Breffaud (Pierre).
Saint-Germain-l'Aiguiller. — Valette (Clément). — Daigot (Louis).
Saint-Hilaire-de-Voust. — Jarry (Martial). — Gallot.
Loge-Fougereuse. — Texier (Arsène). — Babin (Prosper).
Marillet. — Defontaine (Henri). — Bichon.
Saint-Maurice-le-Girard. — Bazireau (Isidore).
St-Maurice-des-Noues. — L'abbé Staub, curé. — Vasseur.
Monomblet. — Rouault (Auguste). — Fallourd (Louis).
Mouilleron-en-Pareds. — Hérault (Jules). — Robin.
Saint-Pierre-du-Chemin. — Cacault. — Filluzeau.
Saint-Sulpice-en-Pareds. — Caillaud (Lucien). — Garon.
La Tardière. — Charrier (Amédée). — Treitrot.
Thouarsais-Bouildroux. — Coquillaud (Théophile). — Chessebœuf (Alfred).
Vouvent. — Chaigneau (F.). — Phelippeau.

CANTON DE L'HERMENAULT.

L'Hermenault. — Martineau. — Cosset (Jean).
Bourneau. — Moller (Edmond). — De Tinguy.
Saint-Cyr-des-Gâts. — Couturier (Ludovic). — Gelot.
Saint-Laurent-de-la-Salle. — Bernard (Armand). — Gaborit (Jacques).

Marsais-Sainte-Radegonde. — Moreau (Emile). — Grassin-Drouet.
Saint-Martin-des-Fontaines. — Billaud (Pierre). — Cleneau (Auguste).
Saint-Martin-sous-Mouzeuil. — Grenaille (Jean). — Rivière (André).
Mouzeuil. — Ramier. — Fourcade (J.-F.).
Nalliers. — Guilbaud (Baptiste). — Blay (Léon).
Petosse. — Pelletier (Aubin). — Renou-Sacré.
Pouillé. — Berland (Jacques). — Chabirand (Jean).
Sérigné. — Grillard (Pierre). — Phelippon (T.).
Saint-Valérien. — Charron (Emile). — Naulleau (F.).

CANTON DE SAINTE-HERMINE.

Sainte-Hermine. — Gauly (Achille). — Parenteau.
Saint-Aubin-la-Plaine. — Maillé (Octave). — Caillaud (Louis).
La Caillère. — Bard (François). — Auger (Jacques).
La Chapelle-Thémer. — Recoquillon. — Boucher (Jean).
Saint-Etienne-de-Brillouet. — Granger (Pierre). — Gauvrit (Pierre).
Saint-Hilaire-du-Bois. — Parenteau de Lavoute (Arthur). — Du Garreau (Gabriel).
La Jaudonniere. — Perraud (Constant). — Sarrazin (Pierre).
Saint-Jean-de-Beugné. — Rouillé (Eugène). — Rouillé (Armand).
Saint-Juire-Champgillon. — Mouillé (François). — Texier (Joseph).
Saint-Martin-Lars. — Deligné (Jacques). — Martin (François).
La Réorthe. — Gauly. — Houlier de Villedieu.

Le Simon-la-Vineuse. — Gougnard (Augustin). — Champeau (Baptiste).
Thiré. — Chauveau (Alexandre). — Poullard.

CANTON DE SAINT-HILAIRE-DES-LOGES.

Saint-Hilaire-des-Loges. — Fradin (Charles). — Bon.
Faymoreau-Puy-de-Serre. — Fradin (Paul-Louis). — Vilain (Jacques).
Foussais. — Pineau (Arthur). — Bage (Edouard).
Saint-Martin-de-Fraigneau. — Turpaud (Jean). — Bobineau-Rechel.
Mervent. — Chassé (Jean-François). — Moulinneuf.
Saint-Michel-le-Cloucq. — Sausseau (Xavier). — Robion (Adolphe).
Nieuil-sur-l'Autise. — Sanson de Pongerville. — Sabouraud.
Oulmes. — Maisnard (Baptiste). — Ancelin (Jean).
Payré-sur-Vendée. — Garçonnet (Jacques). — Baudouin (Pierre).
Xanton-Chassenon. — Guignard (Louis). — Coquillaud (Louis).

CANTON DE LUÇON.

Luçon. — Deshayes. — Météreau (Xavier).
L'Aiguillon-sur-Mer. — Jard (Jean). — Levieux (Louis).
Chasnais. — Métais (René). — Ayraud (Benjamin).
Saint-Denis-du-Payré. — Robin (Charles). — Lumineau (Jules).
Sainte-Gemme-la-Plaine. — Seguinot (François). — Faure (J.)
Grues. — Burcier (François). — Blanchet (François).

Lairoux. — Planchot (Joseph). — Barré (Louis).
Les Magnils. — Bessière. — Begaud (Louis).
Saint-Michel-en-l'Herm. — Lavial. — Berjonneau (Isidore).
Triaize. — Rivière. — Pineaud (Jean).

CANTON DE MAILLEZAIS.

Maillezais. — Raison (Charles). — Prunier (Jean).
Benet. — Texier (Hippolyte). — Turpaud (Jacques).
Bouillé-Courdault. — Moreau (Pierre). — Tuffet.
Sainte-Christine. — Guilmeteau (Jacques). — Lucas.
Damvix. — Giraud (Maximilien). — Lagrange (J.).
Doix. — Baudry (Edmond). — Sagot (Jean).
Lesson. Maille (Louis). — Renaud (Alexandre).
Liez. — Renou (Louis). — Thibaudeau (Louis).
Maillé. — Simonneau (Jean). — Simonneau (Jean).
Saint-Pierre-le-Vieux. — Boutet (Jean-Jacques). — Caquineau (Louis).
Saint-Sigismond. — Baudry (Alexis). — Maché (Jean).
Vix. — Lièvre-Mion. — Pouzin.

CANTON DE POUZAUGES.

Pouzauges. — Gourin (Léandre). — Siraudeau (R.).
Le Boupère. — Frottier de Bagneux (Zenobe). — Delisle (R.).
Les Châtelliers-Châteaumur. — Allaire de l'Espinay. — Durand (Auguste).
Chavagnes-les-Redoux. — Chaigneau (Gustave). — Hugon (Augustin).
La Flocellière. — Drouet de Mont-Germon. — De Lespinay (Armand).

La Meilleraie-Tillay. — De Courcy (Marie). — Joly (Auguste).
Saint-Mesmin. — Des Nouhes (Auguste). — Robichon.
Saint-Michel-Mont-Mercure. — Ravaud (Pierre). — Genty (Alexandre).
Montsireigne. — Arnaud (Louis). — Roulleau.
Montournais. — Rousseau (Flavie). — De Sarode.
La Pommeraie-sur-Sèvre. — Falaiseau (Louis-Jean). Ménard.
Réaumur. — Aubé (Victorien). — Rainereau.
Le Tallud-Sainte-Gemme. — Audé (Eugène). — Sarazin.

ARRONDISSEMENT DES SABLES-D'OLONNE.

CANTON DES SABLES-D'OLONNE.

Sables-d'Olonne. — Barreau. — Garnier (Marcel).
Le Château-d'Olonne. — Boisard (Auguste). — Tesson.
Sainte-Foy. — Fleury-la-Caillère. — Lamontagne.
Ile-d'Olonne. — Guérineau. — Plaire.
Olonne. — Guigny (François). — Rabiller.
Vairé. — Tesson (François). — Pertuzé (Hilaire).

CANTON DE BEAUVOIR.

Beauvoir-sur-Mer. — Cultien (Joseph). — Grelier (Pierre).
Bouin. — Lecler (Achille). — Pelletier (Paul).
Saint-Gervais. — Bastard (Etienne). — Couturier.
Saint-Urbain. — Thébaud. — Barotin.

CANTON DE CHALLANS.

Challans. — Lory. — Thébaud (Louis).
Bois-de-Céné. — Rousseau (Léon). — Renaud.
Châteauneuf. — Renaud (Luc). — Guillot (Jean).
Froidefond. — Grolier (Jean-Baptiste). — Peaudeau.
La Garnache. — De la Rochefoucauld-Bayers. — Baudry d'Asson (Léon).
Sallertaine. — Fradin (Louis). — Billet (Louis).

CANTON DE SAINT-GILLES-SUR-VIE.

Saint-Gilles-sur-Vie. — Morin (Emile). — Grondin (Henri).
L'Aiguillon-sur-Vie. — Laënnec. — Michon (A.).
Bretignolles. — Nobiron (Jérémie). — Puiroux (J.).
La Chaize-Giraud. — De Lespinay (Stanislas). — Chauvière (Amand).
Coëx. — Porteau (Armand). — Perrocheau (F.).
Commequiers. — Coutouis (Isidore). — Barreteau.
Croix-de-Vie. — Peinson (Alexandre). — Joubert.
Le Fenouiller. — Marchand (Michel). — Migné (V.).
Givrand. — Grandin (C.-F.). — Rouillé (François).
Saint-Hilaire-de-Riez. — Barotin (P.-J.). — Méchineau.
Landevieille. — Grosseron (Edouard). — Richard.
Saint-Maixent-sur-Vie. — Viau (Jacques). — Doux.
Saint-Martin-de-Brem. — Nobiron (Jean). — Viaud.
Saint-Nicolas-de-Brem. — Durand (Louis). — Richard.
Saint-Révérend. — Bouyer (Pierre). — Boux de Casson.
Riez. — Minguet (Eugène). — Minguet (Eugène).

CANTON DE L'ILE-DIEU.

L'Ile-Dieu. — Cadou (Charles-François). — Nolleau, maire.

CANTON DE SAINT-JEAN-DE-MONTS.

Saint-Jean-de-Monts. — Lenoir (Armand). — Besson.
La Barre-de-Monts. — Palvadeau (Léon). — Jodet.
Notre-Dame-de-Monts. — Pelloquin (J.). — Bernard.
Le Perrier. — Balleu (Jacques). — Sorin (Louis).
Soullans. — Crochet (Jean). — Crochet (Pierre).

CANTON DE LA MOTHE-ACHARD.

La Mothe-Achard. — Lansier (A.). — Lansier (Aug.).
Beaulieu-sous-la-Roche. — Serventeau de la Brunière (Henri). — Praud (Eugène).
La-Chapelle-Achard. — Aujard. — Richard.
La Chapelle-Hermier. — Leroux (Emile). — Sigogneau (Eugène).
Sainte-Flaive-des-Loups. — Guignard (Auguste). — Chaigne (Eugène).
Saint-Georges-de-Pointindoux. — Rochet (Pierre). — Roy.
Girouard. — Bouhier (Jean). — Alleaume.
Saint-Julien-des-Landes. — Tesson (Armand). — Gateau (Félix).
Landeronde. — Nicollon des Abbayes (Henri). — Barreau (François).
Martinet. — Grolleau (Léon). — Bessonnet (Jean).
Saint-Mathurin. — Barreau (Jean-Marie). — Gautreau (Constant).
Nieuil-le-Dolent. — Rouillé (Augustin). — Birotheau (Auguste).

CANTON LES MOUTIERS-LES-MAUXFAITS.

Les Moutiers-les-Mauxfaits. — Duchaine (Charles). — Martineau.
Angles. — Chappot (Charles). — Butolleau (Joseph).
Sainte-Avaugour. — Morisson de la Bassetière. — Théau.
Saint-Benoist-sur-Mer. — Levieux. — Thouzeau.
La Boissière-des-Landes. — De Bessay (Oscar). — Robion (Pierre).
Le Champ-Saint-Père. — Dézamy (Ferdinand). — Douay (Edgard).
Curzon. — Guérineau (Auguste). — Bonnin.
Saint-Cyr-en-Talmondais. — Fillon (Benjamin). — Jutard (Philippe).
Le Givre. — De Goué (Alain). — Martin (Ludovic).
La Jonchère. — Cantet (Auguste). — Guérineau.
Saint-Sornin. — Caillé (Valéry). — Métivier (Auguste).
La Tranche. — Denis (Alexandre). — Dodin (Jean).
Saint-Vincent-sur-Graon. — Leroux de Bretagne. — De Surineau.

CANTON DE NOIRMOUTIER.

Noirmoutier. — Lebreton (Casimir). — Masson (Auguste).
Barbâtre. — Laurent. — Lassourd.

CANTON DE PALLUAU.

Palluau. — Poydras de la Lande (Julien). — Trichet (Louis).
Apremont. — Merlet (Henri). — Régnault (Auguste).
La Chapelle-Palluau. — Chauveau (Jacques). — Poingt (Jacques).

Saint-Christophe-du-Ligneron. — Tesson (Jacques). — Pontoiseau (Louis).

Saint-Etienne-du-Bois. — Mouilla (Baptiste). — Chaignon (Philibert).

Falleron. — Gauvrit (Henri). — Guiard (Benjamin).

Grand'Landes. — Preau (Baptiste). — Libert (Léon).

Maché. — Logeais (Jacques). — Bourget (Jean).

Saint-Paul-Mont-Penit. — Dorion (Calixte). — Beory (Jean).

CANTON DE TALMONT.

Talmond. — Batiot (A.) père. — Duroussy (Lascasas).

Avrillé. — Gillaizeau (Léon) fils. — Gouin (Eugène).

Le Bernard. — Bourmeaud père. — Drapeau.

Grosbreuil. — De Bessay.

Saint-Hilaire-la-Forêt. — Robin (Alexandre). — Bourasseau (Ferdinand).

Jard. — Brianceau (Eugène). — Aujard (Alexis).

Longeville. — Charrier (François). — Raffin (Henri).

Poiroux. — Robert de Lézardière. — Robin (Henri).

Saint-Vincent-sur-Jard. — David. — Huet (Pierre).

Saint-Hilaire-de-Talmond. — Faivre (Alexis). — De Beaumont.

APPENDICE

RESULTAT DES ÉLECTIONS DU 20 FÉVRIER 1876

ARRONDISSEMENT DE LA ROCHE.

Première circonscription.

Cantons de la Roche, du Poiré, des Essarts, Chantonnay et Mareuil.

Électeurs inscrits................	21,406
Votants.......................	15,495
Jenty, *républicain*..............	8,391 (*élu*),
De Puyberneau, *légitimiste*........	6,923
Voix perdues...................	181

Deuxième circonscription.

Cantons de Montaigu, Rochecervière, Saint-Fulgent, les Herbiers et Mortagne.

Électeurs inscrits................	18,574
Votants.......................	11,515
Dr Bourgeois, *monarchiste clérical*..	8,106 (*élu*),
Dugast-Matifeux, *républicain*.......	3,275
Voix perdues...................	136

ARRONDISSEMENT DE FONTENAY.

Première circonscription.

Cantons de Fontenay, Saint-Hilaire-des-Loges, la Châtaigneraie et Pouzauges.

Électeurs inscrits................	19,345
Votants.....................	15,144
Bienvenu, *républicain*...........	9,335 (*élu*),
Defontaine, *légitimiste*...........	5,656
Voix perdues...................	153

Deuxième circonscription.

Cantons de Luçon, Saint-Hermine, l'Hermenault, Chaillé-les-Marais et Maillezais.

Électeurs inscrits................	20,383
Votants.....................	15,828
Beaussire, *républicain*...........	7,259
Pugliesi-Conti, *bonapartiste*......	5,460
Godet, *orléaniste*...............	2,986
Voix perdues...................	137

ballotage.

ARRONDISSEMENT DES SABLES.

Première circonscription.

Cantons des Sables, Saint-Gilles, la Mothe-Achard, Talmond et les Moutiers-les-Mauxfaits.

Electeurs inscrits................	16,690
Votants.....................	11,808
Morisson de la Bassetière, *légitimiste clérical*.....................	6,922 (*élu*).

Fruneau, *républicain*............ 4,657
Voix perdues................. 229

Deuxième circonscription.

Cantons de Challans, Saint-Jean-de-Monts, l'Ile-Dieu, Noirmoutier, Beauvoir et Palluau.

Electeurs inscrits............... 14,107
Votants..................... 9,839
Baudry d'Asson, *légitimiste clérical*. 6,240 *(élu)*.
Richer, *républicain*............ 3,483
Voix perdues................. 116

Total des électeurs inscrits......... 110,595
Votants..................... 79,629
Abstentions.................. 30,966
Réactionnaires de toutes nuances... 42,293
Républicains................. 36,400

Il n'y a plus que 6,000 voix de différence entre républicains et réactionnaires. Qu'on juge par là du progrès accompli, depuis cinq ans, même dans cette Vendée, que la réaction blanche considérait comme inféodée à jamais à son patronat. Encore, pour arriver au chiffre de 42,293 suffrages, lui a-t-il fallu user de tous les moyens qu'elle avait à sa disposition. — Dans beaucoup de communes, les curés ont fait, du sermon du dimanche, une occasion de charge à fond de train contre les candidats libéraux, « *ces hommes impies qui veulent réduire le clergé à la mendicité,* » et de chaleureuse propagande en faveur des candidats monarchistes, « *ces pieux défenseurs des immunités de l'Eglise.* » Ailleurs, ils se sont arrangés de manière à faire coïncider la cueillette du *boisse-*

lage, (dîme déguisée, qui se lève encore dans plusieurs de nos cantons), avec la période électorale. En échange des objets de consommation livrés par les fidèles, tels que froment, avoine, chapons, canards, miel et autres menus suffrages, on les a vu remettre, dans chaque demeure, les bulletins du candidat de leur choix. On eut dit vraiment qu'il s'agissait, pour eux, de maintenir en place ce que M. Veuillot appelle, sans plus de façon, le dernier verrou de la caisse ecclésiastique.

Sur certains points, les gagistes de cette fraction de la bourgeoisie, passée au service du parti clérical, ont agi, eux aussi, avec une ardeur sans égale, comme gens qui tiennent à complaire à leurs maîtres.

Par une pression vigoureuse sur la foule des pauvres diables, à laquelle ils donnent, de temps à autre, quelque travail, par des agissements moins avouables encore, ils ont gagné de nombreux votes à la bonne cause.

Parlerons-nous ensuite de ces administrateurs, qui n'ont pas craint de compromettre leur caractère, par des démarches inconsidérées, qu'ils doivent regretter aujourd'hui ?

Il n'est pas jusqu'à la recommandation *in extremis* du comité Changarnier qui ait été réclamée par les candidats réactionnaires. L'efficacité leur en paraissait certes douteuse ; mais, quand on est si près du naufrage, à quel saint ne se vouerait-on pas ?

Tandis que ses adversaires se livraient à des manœuvres de mauvais aloi, le parti républicain agissait, au contraire, au grand jour, dans l'intérêt de ceux qu'il avait désigné pour être les députés de la Vendée. Il ne se départait, à peu près nulle part, de la règle de conduite, aussi loyale qu'efficace, qui consiste à servir les bonnes causes par les bons moyens.

Cette pratique sincère du suffrage universel a porté ses

fruits : deux républicains ont été élus, à Fontenay et à la Roche. A Luçon, il y a ballotage entre M. Beaussire et M. Pugliesi ; mais le candidat républicain l'emportera vraisemblablement, au second tour de scrutin, sur le candidat impérialiste, quoique le bonapartisme, « vénéneux champignon, né sur le fumier de la monarchie de Juillet, » ait, par là, hélas ! d'assez nombreux partisans, grâce au voisinage de la Charente-Inférieure. Quant à l'orléanisme, il n'est presque plus question, en nos parages aussi bien que dans toute la France, de cette autre chimère bourdonnant dans le vide ; « *chimera in vacuo bombinans,* » comme disait la scolastique du moyen-âge, qu'elle est allée rejoindre.

L'élection de M. Emile Beaussire égaliserait non-seulement les forces des deux partis dans la députation vendéenne ; mais elle ferait pencher la balance du côté des républicains, qui se trouveraient ainsi représentés par trois mandataires sérieux. Ne serait-il pas honteux d'ailleurs, pour la circonscription de Luçon, de préférer, à l'un des hommes les plus distingués qu'elle possède aujourd'hui, un ancien agent du régime immoral, qui, après avoir si longtemps souillé notre pauvre France, a failli la conduire aux abîmes ?

C'est surtout au point de vue local que nous nous plaçons, en parlant ainsi ; car il importe assez peu maintenant à la cause républicaine, d'avoir un défenseur de plus ou de moins dans la Chambre des députés. La démocratie française a repris enfin possession d'elle-même. Jamais plébiscite ne s'est accompli dans des conditions de sincérité plus complète que les élections du 20 février 1876. Aveugle ou factieux qui viendrait nier désormais que la République soit le gouvernement légal du pays.

Ce grand acte accompli, vainqueurs et vaincus n'ont plus

qu'un devoir, — le premier de tous dans un pays libre, — celui d'abjurer leurs préventions réciproques, et de travailler ensemble à la prospérité de la patrie commune. La République n'est point exclusive, à l'instar des monarchies : quiconque vient à elle avec des intentions droites est certain d'être bien accueilli, lors même qu'il aurait combattu, jadis, la forme républicaine. Si l'Empire a été l'égalité dans la servitude et la proscription, elle sera l'égalité dans la liberté, sauvegardée par des lois ayant pour base les principes sacrés de la fraternité humaine.

La République repousse seulement ceux qui n'ont pas au cœur l'amour de leurs semblables.

24 février 1876.

www.ingramcontent.com/pod-product-compliance
Lightning Source LLC
LaVergne TN
LVHW050643090426
835512LV00007B/1010